Ulrich Schnitzer

Verhalten und Pferdeausbildung

Für eine harmonische Reiter-Pferd-Beziehung

WuWei
VERLAG

INHALT

EINLEITUNG	4

TEIL 1: VERHALTEN VON PFERDEN UNTEREINANDER UND GEGENÜBER DEM MENSCHEN

- VERHALTEN FREILEBENDER PFERDE   6
  - Leben im Verband   6
  - Leittierposition   6
  - Dominanz   7
  - Bindungen   8
  - Spiel   8
  - Gefahrenvermeidung und Abwehr   8

- BEZIEHUNG ZUM MENSCHEN   9
  - Dominanz   9
  - weitere Beziehungskomponenten   15
  - Bedürfnis nach Sicherheit   21

TEIL 2: WIE LASSEN SICH RESPEKT UND GEFOLGSCHAFT DES PFERDES ERREICHEN?

- VERHALTEN DES AUSBILDERS GEGENÜBER DEM PFERD   22
- EINFLUSS DER PERSÖNLICHKEIT DES AUSBILDERS   26

TEIL 3: ARBEITSSTRATEGIEN

- ANFANGSERLEBNISSE GESTALTEN   29
- ARBEITSUMFELD UND AUSSENREIZE   34
- ARBEITSAUFBAU UND ANFORDERUNGEN   36
- UMGANG MIT WIDERSETZLICHKEITEN   41
- PFERDE MIT VERGANGENHEIT   46

TEIL 4: ELEMENTE GEGENSEITIGER VERSTÄNDIGUNG

- DAS BELOHNUNGSPRINZIP   48
- KOMMUNIKATIONSMITTEL   51
- „GELERNT IST GELERNT"   58
- BEFINDLICHKEIT DES PFERDES EINSCHÄTZEN   59

TEIL 5: EINFLÜSSE AUS DEM HALTUNGSUMFELD   67

SCHLUSSBEMERKUNG	72
ZUM ENTSTEHEN DIESES BUCHES	74
LITERATURVERZEICHNIS	75
IMPRESSUM	76

Galopp am langen Zügel. Holsteiner Stute „Valerie" mit dem Verfasser

Verhalten und Pferdeausbildung

Jagdspringen bei den olympischen Reiterspielen 1956 in Stockholm: Nach dem ersten Umlauf befindet sich die deutsche Mannschaft in einer guten Ausgangsposition. Doch Hans Günter Winkler hat sich im ersten Teil der Konkurrenz einen äußerst schmerzhaften Muskelriss zugezogen, der einen Start im entscheidenden zweiten Umlauf verbieten müsste. Aber mit seinem Ausfall wären alle Chancen der Mannschaft im Preis der Nationen dahin. Wider die Vernunft lässt sich Winkler auf seine Halla heben und startet. Die Stute galoppiert los. Schmerzgekrümmt hängt der Reiter im Sattel, krallt sich in der Mähne fest, unfähig, dem Pferd die Hilfen für den schweren Parcours in der gewohnten Weise zu geben. Doch Halla überspringt Hindernis um Hindernis, und gewinnt! Sieg in der Nationenwertung – und Goldmedaille in der Einzelwertung für Halla! „Es war, wie wenn auf einem kleinen Schiff der Kapitän ausgefallen ist und der Steuermann allein die Navigation übernommen hat, nachdem er hundertmal unter Anleitung seines Chefs das Ruder führte", schreibt Winkler (1966) später.

Hallas Leistung wurde zur Legende – sie hatte eine extreme Anforderung auch ohne den Nachdruck durch vollständige Reiterhilfen erfüllt. Im Alltag kommt Umgekehrtes häufiger vor: dass Pferde sich gerade nicht so verhalten, wie der Reiter es wünscht und verlangt. Dann sollte er versuchen zu verstehen, warum sich das Pferd so verhalten hat. Wie sonst könnte er den geeigneten Umgang mit dem Pferd in dieser Situation finden?

In den Lehrbüchern der Reiterei ist das Verhalten der Pferde eher nur beiläufig angesprochen. Das wäre aber wichtig, denn „der verhaltens- und tierschutzgerechte Umgang mit Pferden bei der Ausbildung, beim Training und bei der Nutzung verlangt ein hohes Wissen und Können" - heißt es in den „Leitlinien Tierschutz im Pferdesport" des Bundesministeriums für Ernährung, Landwirtschaft und Forsten (BML) – „Tierlehrer und Personen, die häufig mit Pferden Umgang haben, müssen in der Lage sein, das Verhalten des Pferdes als Ausdruck seiner Befindlichkeit zu erkennen und zu akzeptieren, von ihm nur die jeweils möglichen Leistungen zu verlangen und die für die Situation geeigneten Hilfen anzuwenden. Deshalb müssen diesem Personenkreis bei der Aus- und Fortbildung auch Erkenntnisse der Verhaltenslehre vermittelt werden." Über den ethischen Aspekt hinaus liegt das im Interesse des Ausbilders: Denn die Arbeit mit diesen Tieren ließe sich wirkungsvoller gestalten, wenn die Menschen es besser verstünden, sich in das artspezifische Verhalten der Pferde einzuklinken.

Um das zu erreichen, ist es nötig, das Verhalten der Pferde in der Arbeitssituation jeweils richtig zu interpretieren. Zugleich aber ist zu berücksichtigen, wie das Pferd das Verhalten des Menschen aufnimmt und verarbeitet. Nur so lassen sich gegenseitige Missverständnisse und daraus folgende Schwierigkeiten auf ein Minimum beschränken. **Verhaltensaspekte in der Pferdeausbildung betreffen also sowohl die Verhaltensweisen des Equiden Pferd als auch die des Primaten Mensch.**

Hans Günter Winkler mit Halla bei den olympischen Reiterspielen in Stockholm 1956. Das Bild entstand während des ersten Umlaufes, bei dem sich Winkler einen äußerst schmerzhaften Muskelriss zuzog. Der begrenzten Einwirkungsmöglichkeit des Reiters zum Trotz gewann das Paar die Goldmedaille.

Teil 1
Verhalten von Pferden untereinander und gegenüber dem Menschen

Verhalten freilebender Pferde

Wenn wir mit einem Pferd umgehen, ist uns zumeist wenig bewusst, dass wir ein Tier vor uns haben, dessen Verhalten auch nach Jahrtausenden der Domestikation nicht darauf angelegt ist, in einer vom Menschen gestalteten Umgebung zu bestehen und mit diesem Artfremden zusammenzuleben. Hauspferde stammen von Wildpferden ab. Deren Verhalten befähigt sie, sich als Mitglieder einer Gruppe in der Auseinandersetzung mit Umgebungsbedingungen und Artgenossen zu behaupten. Seit der Mensch Pferde in seine Obhut nahm, hat er Einfluss auf die Fortpflanzung genommen und dabei diejenigen Tiere bevorzugt, die sich für seine Zwecke besonders eigneten. Das betrifft auch jene Veranlagungen, durch die sich manche Pferde für den Menschen als umgänglicher erweisen als andere. Aber trotz dieses züchterischen Einflusses ist bei allen Hauspferden die Abstammung vom Wildpferd nicht nur im Körperbau, sondern auch im Verhalten ersichtlich. Deutlich zeigen das Hauspferde, die unter naturnahen Bedingungen in Freiheit leben, z.B. in der Camargue oder im Merfelder Bruch.

Leben im Verband

Frei lebende Pferde organisieren sich in Gruppen. Ein Pferd, das aus einer Gruppe verstoßen wird, versucht unverzüglich, den Anschluss zurückzugewinnen oder von einer anderen Gruppierung aufgenommen zu werden.

Mehrere weibliche Tiere bilden mit ihrem Nachwuchs eine Gruppe, die von einer meist älteren Stute angeführt wird. Ein Hengst hält die Gruppe zusammen und sichert sie ab. Er vertreibt männliche Jungtiere aus der Gruppe, bevor sie zu Konkurrenten werden. Die Vertriebenen bilden Junggesellengruppen.

Leittierposition

Mitglieder einer Gruppe bleiben beim Nutzen von Weiden, Wasserstellen, Ruhe- und Schlafplätzen zusammen. Der gemeinsame Wechsel geschieht unter Führung eines Leittieres, in der Regel einer älteren Stute. Das Leittier erreicht seine Position nicht durch Auseinandersetzungen. Die Stellung fällt ihm durch das Verhalten der Gruppenmitglieder zu. Die

Gruppe folgt dem Leittier auf Grund der Erfahrung, dass es ergiebige Futterstellen und geeignete Ruheplätze findet und diese Gefolgschaft auch vor ungünstigen Einflüssen schützt. (siehe Abb. unten)

DOMINANZ

Innerhalb einer Gruppe hat jedes einzelne Tier gegenüber jedem anderen eine Position der Über- oder Unterlegenheit. Damit entsteht eine Rangordnung. Das jeweils überlegene (dominante) Tier beansprucht Vorrang bei Bedarfsdeckung und Bedürfnisbefriedigung und bestimmt die Distanz, die der Unterlegene zu ihm einzuhalten hat. Dominanz wird entweder ohne Auseinandersetzung akzeptiert, oder die Position wird ausgefochten. Dazu bedarf es häufig nur einer einzigen Konfrontation. Wenn Hengste um Stuten kämpfen, kann es hart zugehen. Im Übrigen regeln sich die Dominanzbeziehungen über Drohen und Ausweichen. Ist die Rangfolge geklärt, dann verzichtet der Untelegene zu Gunsten des Ranghöheren auf gleichzeitige Nutzung einer Ressource (z.B. einer begrenzten Futterquelle, eines bevorzugten Liegeplatzes usw.) oder auf Befriedigung eines Bedürfnisses. Das Dominanz-Subdominanzgefüge bleibt in der Regel über längere Zeit stabil, kann aber je nach Verfassung der Einzeltiere und äußeren Umständen in Bewegung geraten.

Dominanz führt zwar zu ungleichen Versorgungsbedingungen unter den Tieren, ist aber eine wichtige Strategie zur Konfliktbewältigung und sichert auch den Unterlegenen die gemeinsamen Vorteile des Lebens in einem Verband.

Unter naturnahen Bedingungen wie hier im Merfelder Bruch bilden die Pferde Gruppen aus mehreren Tieren. Eine meist ältere Stute führt die Familiengruppe an und leitet sie zum Wasser, an gemeinsame Weidestellen oder auf geeignete Schlafplätze.

BINDUNGEN

Neben der Rangordnung und der Orientierung am Leittier entstehen unter den einzelnen Tieren vielfältige Beziehungen: zwischen Müttern und ihren Fohlen, unter den Jungtieren im Spiel, zwischen dem Hengst und seinen Stuten, aber auch unter Stuten und unter den Hengsten einer Junggesellengruppe. Die häufig engen Zweierbeziehungen unter erwachsenen Pferden bleiben meist über lange Zeit stabil. Die Partner suchen gegenseitige Nähe und sind oft bei der sozialen Hautpflege zu beobachten (Abb. unten). Solche Bindungen zwischen den Tieren gehen mit wechselseitiger Bedarfsdeckung und Bedürfnisbefriedigung einher und sind Gewähr für ein konfliktfreies Zusammenleben. Ähnliche Beziehungen – auch zwischen Stute und Wallach – können auch zwischen Boxennachbarn bei der Einzelhaltung entstehen.

SPIEL

Spielen hat bei Fohlen und heranwachsenden Pferden eine hohe Bedeutung als körperliches und soziales Training. Im entspannten Spiel wechseln die Partner und die Rollen, es gibt also keine Rangordnung. Junghengste liefern sich Kampfspiele, bei welchen sich bereits Dominanzbeziehungen herausbilden. Auch bei erwachsenen Pferden lassen sich spielerische Phasen beobachten, allerdings nur unter männlichen Tieren.

GEFAHRENVERMEIDUNG UND ABWEHR

Ein elementares Bedürfnis von Pferden ist das nach Sicherheit. Pferde sind nicht wehrhaft wie z.B. das Rind, dafür aber schnell. Deshalb sind sie ständig auf der Hut vor möglicher Gefahr, um gegebenenfalls rechtzeitig Distanz zu gewinnen. Die Fluchtbereitschaft überdeckt alle anderen Motivationen. Ist aber Flucht z.B. vor einem Angreifer nicht möglich, wehren sie sich durch Schlagen mit den Hinterhufen oder Angriff mit den Vorderhufen und durch Beißen. Einer Gruppe anzugehören und über soziale Bindungen zu verfügen, trägt zum Erleben von Sicherheit bei. Ein Pferd, das aus einer Gruppe verstoßen wird – z.B. ein heranwachsender Junghengst – versucht unverzüglich, Anschluss bei anderen Artgenossen zu finden.

Das gegenseitige Putzen wie bei diesen beiden Camargue-Pferden zeigt eine enge Beziehung zwischen den Tieren an.

Beziehung zum Menschen

Welche Bedeutung kommt den skizzierten Komponenten des Pferdeverhaltens zu, wenn der Mensch mit diesen Tieren umgeht – sei es bei der Pflege, beim Reiten oder in der Ausbildung der Pferde?

Durch die Haltung und Nutzung sind die Pferde aus ihrem angestammten Lebenszusammenhang herausgenommen, können sich daher nicht mehr selbst das zum Leben Notwendige beschaffen und sich vor widrigen Einflüssen schützen, also – in der Sprache der Ethologen – für „Bedarfsdeckung und Schadensvermeidung" sorgen (Fachgruppe Verhaltensforschung, 1993); auch zur Befriedigung ihrer Bedürfnisse benötigen sie die Hilfe des Menschen. Fehlendes muss der Mensch durch Pflege, Futter, Nutzung und Zuwendung schaffen. Insofern bestimmt er über das Pferd. Das besagt aber noch nichts über das Verhalten der Tiere in der unmittelbaren Begegnung zwischen dem einzelnen Pferd und dem Menschen, der es pflegt, reitet oder ausbildet.

Denn das Pferd nutzt die verbliebenen Freiräume, sich mit diesem Artfremden, der sich so intensiv in sein Leben einmischt, sozial auseinanderzusetzen. Dabei sind die Komponenten des natürlichen Pferdeverhaltens durchaus noch erkennbar: Auch hier geht es z.B. um Anschluss, Durchsetzung, Qualität einer Zweierbeziehung, Abwehr, Sicherheit usw. Aber die sozialen Verhaltensweisen stellen sich in einer abgewandelten, dieser Situation angepassten Form dar. Es ist daher nicht ganz korrekt, die Begriffe des Sozialverhaltens dieser Tierart undifferenziert auf das Verhalten gegenüber dem Fremdartigen anzuwenden. Auch vermischen sich die Komponenten in der Pferd-Mensch-Beziehung häufig so komplex, dass eine Zuordnung zum innerartlichen Verhalten nicht immer möglich ist. Diese Unschärfe wird im Nachstehenden in Kauf genommen, um die Parallelen zum Verhalten der Pferde untereinander deutlich zu machen.

Dominanz

Dem Reitschüler werden im Unterricht der Sitz, die Gewichts- und die Schenkelhilfen in Verbindung mit der Handeinwirkung vermittelt. Ist der Reitschüler in der Lage, diese physischen Hilfen einigermaßen koordiniert einzusetzen, dann kann man davon ausgehen, dass ein geschultes Pferd entsprechend „funktioniert".

Dass aber noch andere Dinge im Spiel sind als nur die körperliche Hilfengebung, wurde mir an einem frühen Schlüsselerlebnis als Reitschüler deutlich, das aus zwei zeitlich auseinanderliegenden Episoden bestand. Ich verdanke es einer kleinen Stute „Diana" (Abb. nächste Seite).

Diana nahm die Hilfen ihrer Schüler nur ungern an, ließ sich von schwächeren Reitern nur mühsam dirigieren und stürmte, wenn Galopp angesagt war, gerne unkontrolliert davon. Als mir Diana im ersten Jahr meiner Reitausbildung wieder einmal zugeteilt war, sah sich der Unterrichtende das Trauerspiel eine halbe Stunde lang an, dann ließ er mich absitzen und ritt das Pferd selbst. Und vom ersten Augenblick an trat Diana an das Gebiss heran und trabte mit fleißigen Tritten dahin. Reiten sollte man können, dachte ich.

Es verging Zeit, und die Fortschritte meiner reiterlichen Fähigkeiten erlaubten es mir nun, dieses Pferd – verbunden mit deutlichen Anstrengungen – an die Hilfen zu stellen. Eines Tages stand ich vertretungsweise selbst mit der langen Peitsche in der Reitbahn. Diana bescherte ihrem Reiter das

Verhalten und Pferdeausbildung

Die Stute Diana hatte dem Verfasser in dessen erster Lernzeit als Reiter deutlich gemacht, dass ein unsicherer Partner bei ihr nichts zu bestellen hat. Die einzige Aufnahme mit ihr und dem Verfasser stammt aus einer späteren Zeit. Die für sie ungewohnte Arbeit am langen Zügel schien das Pferd von Anbeginn mehr zur Mitarbeit zu motivieren als geritten zu werden.

übliche „Vergnügen". Nachdem ich es eine Zeit lang hatte geschehen lassen, ließ ich mir das Pferd geben, um es selbst ein paar Runden zu reiten (was ich mir ja jetzt leisten konnte). Verblüfft stellte ich fest, dass es gar nicht des sonst nötigen Einsatzes bedurfte: Diana nahm meine Hand wie selbstverständlich an und reagierte willig auf die Hilfen.

Diana hatte es in einer Vielzahl von Unterrichtsstunden erlebt, dass die Anweisungen desjenigen, der in der Reitbahn steht und Unterricht erteilt, zu befolgen sind. Übernimmt dieser ein Pferd von einem Schüler, dann findet er es in erhöhter Bereitschaft vor, das von ihm Gewünschte umzusetzen. Eine Erfahrung, die jeder Unterrichtende schon gemacht hat, auch wenn er es nicht gerne öffentlich zugibt, weil damit der Nimbus, ein besonders guter Reiter zu sein, etwas an Glanz verlöre.

Wenn das Pferd den Ausbilder oder Reiter als ein Wesen akzeptiert, welches „das Sagen hat", dann erhöht diese Konstellation die Aufnahmebereitschaft des Pferdes und wirkt so als Verstärker für die Einwirkungsmöglichkeiten auf das Tier. Damit wird eine Minimierung der Hilfengebung und feinere Abstimmung ermöglicht.

Diese reproduzierbare Erfahrung gilt auch in umgekehrter Richtung, weshalb Reitanfänger gleich doppelt im Nachteil sind: Es fehlt ihnen noch an der entsprechenden Körperkoordination, um die Reiterhilfen korrekt anzuwenden und wenn sie es dann weitgehend richtig machen, ist noch nicht gesagt, dass sie damit beim Pferd durchkommen.

Es gibt aber auch Pferde, die auf Grund ihrer Veranlagung besonders durchsetzungsfreudige Individuen sind, und für deren erfolgreiche Ausbildung entsprechende Autorität unentbehrlich ist – nicht zu verwechseln mit Krafteinsatz oder Gewalt. Zu Unrecht werden solche Pferde häufig als schwerrittig abgestempelt, denn oft sind es besonders leistungsfähige Tiere.

Dass nicht selten Kinder mit derartigen Pferden zurechtkommen, mag paradox erscheinen. Das Pferd mag es als angenehm empfinden, nicht zur Unterordnung gedrängt zu sein, zumal ja auch nicht viel verlangt wird. Möglich ist es aber auch, dass dieses Verhalten des Pferdes im Zusammenhang mit der Adultpferd-Fohlen-Beziehung steht, in der es keine Rangordnung gibt (Abb. rechts). Es ist anrührend zu beobachten, wie manche Pferde sich gegenüber Kindern geradezu fürsorglich verhalten: Da kommt es vor, dass sich ein Pferd verlagert oder sofort stehen bleibt, wenn ein Kind das Gleichgewicht verliert. Ähnliche Gunst kann bei manchen gut ausgebildeten Pferden auch einem erwachsenen Anfänger, der unsicher ist, oder einer hilflosen Person zuteil werden.

Derartige Beobachtungen führen zu einem bisher wenig beachteten Problem bei der reiterlichen Ausbildung von Kindern und Jugendlichen. Die körperliche und geistige Entwicklung wie auch das Selbstvertrauen erreichen irgendwann ein Stadium, bei dem nun der junge Mensch die dominierende Position beansprucht. Es ist der Augenblick, in dem die aktive Phase des Reitens beginnt. Darauf reagieren die Pferde mit verändertem Verhalten. Es treten Schwierigkeiten auf, die zuvor scheinbar nicht vorhanden waren. Die meisten Heranwachsenden werden davon überrascht, nicht wenige verabschieden sich frustriert aus der Reiterei. Reitunterricht für Kinder muss systematisch auf diese Situation vorbereiten, damit sie es als Fortschritt erleben, wenn die Pferde auf sie als erwachsene Menschen reagieren.

Bei der Gruppenauslaufhaltung von Pferden macht man häufig die Erfahrung, dass durch Austausch eines einzelnen Tieres die Verhältnisse in der ganzen Gruppe verändert werden können. In der Reitbahn kann sich das Verhältnis zwischen dem einzelnen Reiter und seinem Pferd – und damit die Einwirkungsmöglichkeit – durch Hinzutreten einer wei-

Dem acht Jahre alten Mädchen Anouk gelingt es, den durchaus eigenwilligen „Don" im Trab zu dirigieren. Kinder verfügen kaum über Möglichkeiten, diese Tiere zu beherrschen; gleichwohl scheinen viele Pferde mit den kleinen Reitern besonders willig zu kooperieren. Vermutlich spielen dabei Verhaltensweisen eine Rolle, die in der Natur das Verhältnis zwischen erwachsenen Tieren und Jungtieren bestimmt.

Mit dem Pferd kam die junge Reiterin alleine zurecht, wie hier in schwungvollem Trab der Remonte. Aber bei Anwesenheit des Ausbilders richtete sie die Aufmerksamkeit auf diesen. Verschwand er, dann war es erst einmal aus mit der Verständigung zwischen Reiterin und Pferd. Holsteiner Stute Valérie, 5-jährig mit Wera Schnitzer.

teren Person verändern – je nach Einstufung der beteiligten Menschen durch das Pferd.

Ein Beispiel für den Einfluss einer Drittperson zeigte die Stute Valérie. Ich longierte auf ihr ein junges Mädchen, das bei einer anderer Gelegenheit mit dem Pferd alleine zurechtkam (Abb. oben). Ich verließ zwischendurch die Bahn mit der Anweisung, Schritt zu reiten. Als ich zurückkam, stand das Pferd noch wie angewurzelt, die vorwärts treibenden Hilfen fruchteten letztlich nur auf meine Aufforderung hin. Das Beispiel lässt sich auch mit anderen Pferden und Personen reproduzieren.

Arbeitet man mit einem ein Pferd zu zweit, so sollte klargestellt sein, wer die dominierende Rolle übernimmt. Situationsbeispiele: Das Pferd wird an der Hand oder Leine bei aufgesessenem Reiter zu versammelnden Tritten aufgefordert; oder: eine Person führt das Pferd an der Hand, eine zweite übernimmt die Touchierarbeit. Die Anweisungen gehen vom Lehrer oder Ausbilder aus. Er bestimmt, der Schüler oder Helfer unterstützt. Bei „gleichrangigen" Akteuren gilt Verabredung. Die Aktionen müssen **gleichgerichtet** sein und **gleichzeitig** erfolgen, damit es beim Pferd nicht zu Irritationen kommt (Abb. rechts).

Besonders deutlich zum Ausdruck kommt die Bedeutung der sozialen Stellung des Tierlehrers bei der Freiheitsdressur. Beispielhaft wird dieses nahezu berührungsfreie Dirigieren im Schweizer Zirkus Knie gezeigt. In einer seiner Nummern schickte Fredy Knie zwölf Lipizzanerhengste in die Manege, wo sich diese in scheinbar ungeordnetem Durcheinander ge-

Wenn sich zwei Personen gleichzeitig mit dem Pferd beschäftigen, muss klar sein, wer die Führungsrolle übernimmt. Sonst kommt es zu Irritationen beim Pferd. Bestimmend kann dabei sowohl der Reiter sein, der lediglich unterstützt wird, als auch der am Boden Stehende, wobei der Reiter dessen Anweisungen ausführt. Wichtig ist, dass die Aktionen gut abgestimmt sind. Die Hilfen erfolgen gleichgerichtet und gleichzeitig. Hier im Bild gelingt das offensichtlich, denn der Lipizzanerhengst Pluto Slavina unter Ille Fribolin führt eine vorbildliche Piaffe aus. Am Boden Reitmeister Egon von Neindorff.

genseitige Rangordnungsspiele und -kämpfe lieferten – bis Knie die Manege betrat und mit wenigen Gesten die Pferde zu geordneter Formation sortierte (Abbildungen nächste Seite); – undenkbar, ohne dass dieser Mensch über die „Alpha-Position" in dieser Gruppe verfügt.

Es ist im Übrigen kein Zufall, dass diese Freiheitsdressuren mit Hengsten durchgeführt werden und nicht mit Stuten.

Stuten verhalten sich bei der dressurmäßigen Ausbildung anders als Hengste, was das sich Ein- oder Unterordnen anbelangt. Dabei soll man nicht glauben, dass es leichter wäre, einer Stute gegenüber den beherrschenden Part zu gewinnen. Auseinandersetzungen zwischen Hengsten in frei lebenden Gruppen sind spektakulärer, hinterlassen aber anschließend klare Verhältnisse, zumindest so lange, bis der Ranghöhere Schwächen zeigt. Auch bei der Ausbildung zeigen Hengste ihre Positionsansprüche deutlicher als Stuten. Besitzt man aber gegenüber einem Hengst die Führungsposition, so ist diese von vergleichsweise stabilem Charakter. Stuten sind – bei allen individuellen Unterschieden – vordergründig sanfter, behaupten sich aber hinhaltender und versuchen immer wieder, sich durchzusetzen, ohne es zu ernsthaften Auseinandersetzungen kommen zu lassen.

Über längere Zeit beobachtete ich einen jungen Mann beim Reiten, der durch seine gute Reiterfigur und tadellosen Sitz auffiel. Aber alle Pferde, die er ritt, gingen gespannt; in ihrem Verhalten kam zum Ausdruck, dass ihnen die Arbeit unangenehm war. Die Erklärung gab der Reiter unabsichtlich selbst im Gespräch: „Für mich ist Reiten ein Zweikampf – entwe-

Verhalten und Pferdeausbildung

Unbeaufsichtigte Lipizzanerhengste in der Manege liefern sich gegenseitige Rangeleien,...

... bis der Ausbilder (Fredy Knie jr.) die Manege betritt und mit wenigen Gesten eine geordnete Formation herstellt. Das kann er nur, weil er gegenüber den Pferden über den höheren sozialen Rang verfügt.

der das Pferd oder ich". Mir dieser Einstellung musste zumindest die Reitkunst auf der Strecke bleiben.

Wenn sich ein Pferd zunächst weigert, das zu tun, was von ihm verlangt wird, dann hat der Mensch zwei Möglichkeiten: Mittel einzusetzen, gegen die nach seiner Einschätzung das Pferd nichts ausrichten kann (Gewalt oder Einschüchterung), oder zu versuchen, die **Motivation des Pferdes zu ändern**. In dem Augenblick, da er sich über Motivationsänderungen durchgesetzt hat, ist auch die Dominanzfrage geklärt (s. auch Teil 3, Seite 29ff). **Greift er aber zu übertriebener Härte oder Gewalt, dann begibt er sich in die Position des Aggressors,** vor dem man flieht oder gegen den man sich wehrt. In dieser Situation befindet sich das Pferd in Abwehrbereitschaft – einer Motivationslage, die mit muskulärer Anspannung verbunden ist. Das Ausbildungsziel eines gelösten Bewegungsflusses – die „Losgelassenheit" – kann also durch Gewalt nicht erreicht werden. „... Denn was das Pferd gezwungen tut, versteht es nicht, ... und es ist auch nicht schön ... Es muss die Übungen auf ein gegebenes Zeichen hin gern ausführen und kann sich dann aufs Herrlichste zeigen". Diese Worte des Griechen Xenophon, der 400 Jahre vor unserer Zeitrechnung lebte, sind das erste Dokument in der Geschichte der Reiterei, das Aufmerksamkeit auf den emotionalen Anteil in der Beziehung zwischen Mensch und Pferd richtet: **Der Mensch soll sich auf das Pferd positiv einlassen und sich bemühen, es für die gewünschte Leistung zu motivieren.**

Demgegenüber können Pferde, bei welchen sich die Erfahrung fortgesetzter Rohheit verfestigt hat, aggressiv werden oder abstumpfen. Wie bei Reitweisen, bei welchen es üblich ist, die jungen Pferde „einzubrechen", – d.h. ihnen durch brutale Akte ein für allemal den Mut zur sozialen Auseinandersetzung mit dem Menschen auszutreiben. Dafür gibt es keine Parallelen mehr zu Verhaltensweisen, die bei frei lebenden Equiden der Klärung ihrer Rangordnung dienen; denn dort bleibt dem Pferd die Möglichkeit zur Flucht bzw. nach Hengstkämpfen der Anschluss des Unterlegenen an eine Junggesellengruppe. Nicht nur durch körperliche Gewaltmaßnahmen, sondern auch durch **Einschüchterung** kann diese schicksalsergebene Unterwürfigkeit („Submission") erreicht werden, was nicht minder verwerflich ist. Dieses Verhalten weicht vom Typus des normalen artspezifischen Verhaltens ab. Die wichtigsten Reitanweisungen der europäischen Geschichte der Reiterei seit der Renaissance verurteilen jegliche Brutalität als schädlich. Bemerkenswert ist dabei, dass dies auch für militärische Dienstvorschriften gilt (HDV 12, Reitvorschrift). Bedauerlich, dass heute selbst im professionellen Bereich manche der Meinung sind, dass „Reiten heute eben eine härtere Sache sei". Man sollte ihnen einen Satz entgegenhalten, den mir mein Reitlehrer Egon von Neindorff weitergab: „Brutalität beginnt da, wo das Können aufhört".

Unterwerfung ist keine Dominanzbeziehung in dem hier zugrunde gelegten Verständnis. Dominanz des Menschen gegenüber dem Pferd in der Arbeitssituation zeigt sich vielmehr in der **Fähigkeit des Ausbilders oder Reiters, die Motivation des Pferdes so zu beeinflussen, dass es seine Aktionen durch diesen Artfremden bestimmen lässt.** (s. auch Tabelle 1).

Weitere Beziehungskomponenten

Dass Dominanz in diesem Sinne ein wichtiger Aspekt im Verhältnis zwischen Ausbilder bzw. Reiter und Pferd ist, haben die Beispiele gezeigt. Die Einseitigkeit allerdings, mit der die Dominanzfrage durch manche „Gurus" in den Vordergrund gestellt wird, rechtfertigt sich weder durch die Erfahrungen in der Dressurausbildung noch durch das Verhalten der freilebenden Pferde. Dominanz ist kein stabiler Zustand,

Verhalten und Pferdeausbildung

Die Württemberger Stute Kitty – hier in einer Rechtstraversale am langen Zügel mit dem Verfasser – versuchte nach Stutenart immer wieder, während der Arbeit kleine Freiräume für selbstbestimmte Aktionen zu finden. Das enge Verhältnis zu dem Pferd erlaubt es dennoch, es vom Boden aus mit Lektionen der Klasse M und S vorzuführen.

So wünscht man sich das Verhalten eines Pferdes beim Verladen: Entspannt und ohne zu zögern folgt es seiner Führperson. Wenn Pferde beim ersten Verladen nur Ruhe und Geduld erfahren haben, ist für die meisten von ihnen das Einsteigen in den Hänger keine beunruhigende Anforderung. Hilfreich ist es auch hier, wenn ihm der Mensch vertraut ist, der ihm entschlossen vorangeht. Zuverlässig soll das Pferd im Hänger ein gefülltes Heunetz antreffen.

sondern unterliegt dem ständigen Wechselspiel der sozialen Interaktionen zwischen beiden Akteuren und auch den unterschiedlichen Situationen. Und wenn das Pferd wie gewünscht reagiert, können auch noch andere Beziehungskomponenten beteiligt sein. Dafür bot mir die Stute „Kitty", die ich bei den Vorführungen im Reitinstitut von Neindorff über viele Jahre am langen Zügel vorstellte, Zeit ihres Lebens ein Beispiel (Abb. links). Wie bei dieser Disziplin unerlässlich, verband mich eine enge Beziehung mit diesem Pferd. Aber nach Stutenart versuchte sie immer wieder, selbst über Abläufe zu bestimmen – besonders bei Präsentationen,

wo sichtbare Korrekturen unerwünscht sind, was sie sogleich als Freiraum zu nutzen versuchte. Mir verlangte das dann höchste Konzentration ab. Nach einer Trainingseinheit am langen Zügel folgen Pferde bei abgeschnallten Leinen gewöhnlich in kurzem Abstand ihrem Lehrer. Nicht so Kitty: Sie entfernte sich im Schritt und machte jeweils einen Spaziergang durch die Reitbahn. Dabei bestand keinerlei Chance, das Pferd einzufangen. Nach einigen Minuten war dieser Ausflug beendet; dann stellte sie sich in einer Entfernung von wenigstens 10 Metern von mir auf, bereit, sich abholen zu lassen und mir ohne Zügelverbindung bis in ihre Box zu folgen. Die

Ziegen akzeptieren ihren menschlichen Betreuer als Leittier. Der Autor als zehnjähriger Bub mit freilaufenden Ziegen im Wald

Führungsfrage schien also nie ganz eindeutig geklärt, trotzdem war es möglich, das Pferd in Lektionen der Klasse M und S vorzustellen, und selten kam es dabei zu Pannen.

Auch eine andere Begebenheit mit dieser Stute lässt sich nicht auf eine Dominanzbeziehung zurückführen: Die Pferde im Reitinstitut wurden selten verladen. Für eine geplante Vorstellung im Schlossgarten war es aber unvermeidlich. Zum Üben stand ein Hänger im Hof. Die ängstliche Kitty wurde erst spazieren geführt, dann sollte sie in Richtung Rampe gehen. Weit davor blieb sie stehen. Kein Ziehen oder Schieben. Nach dem dritten „Anmarsch" stand sie vor der Rampenkante. Die Aufgabe, Rampe und Hänger zu betreten, war ihr sichtbar äußerst unangenehm. Nach einiger Zeit ihrer „inneren Auseinandersetzung" setzte sie sich plötzlich und am durchhängenden Strick in Bewegung und stand im Hänger. In dem Konflikt zwischen der Anforderung, den Hänger zu betreten, und dem Widerstreben gegen die furchterregende Situation gab schließlich die Sicherheit vermittelnde Beziehung zum Betreuer den Ausschlag. Ein mir bekannter Ausbilder wird oft aus weiter Entfernung angefordert, weil er im Ruf steht, auch „verladesauer" gemachte Pferde ohne Gewaltanwendung in den Hänger zu bringen. Seine Antwort auf die Frage „Wie machen Sie das?": „Es ist im Prinzip einfach: **Ich stelle eine Beziehung zu dem Pferd her**". Der Mann verfügt also über die Fähigkeit, Pferden innerhalb kurzer Zeit zu vermitteln, dass sie sich bei ihm sicher fühlen können – und sie gehen mit ihm (Abb. S. 17).

Mit demjenigen gehen, der Sicherheit vermittelt – das kann eher mit dem Verhalten gegenüber einer Leitstute verglichen werden, als dem eines Unterlegenen gegenüber dem Dominanten.

Aber ist es überhaupt denkbar, dass Tiere ein artfremdes Lebewesen als Leittier annehmen? Als kleinem Jungen, der eine sechsköpfige Ziegenherde betreute, war mir das selbstverständlich. Die Tiere folgten mir durch die Ortschaft, über Straßen und Bahnübergänge, wenn ich sie in den Wald führte, und auch weg von den Weideplätzen nach Hause (Abb. oben links). – Ein Freund kam von einem Ausritt mit seinem braunen Wallach zurück, gefolgt von einer Horde Ziegen, die sich ihm unterwegs angeschlossen hatten. Wie sich herausstellte, lebten diese längere Zeit mit einem braunen Wallach zusammen, der aber von dort fortgenommen wurde. In dem Pferd des Freundes erkannten sie wohl die Merkmale ihres Gefährten, der anscheinend ihr Führungstier war – also nichts wie hinterher. Zwei Beispiele von Artfremden in „leitender

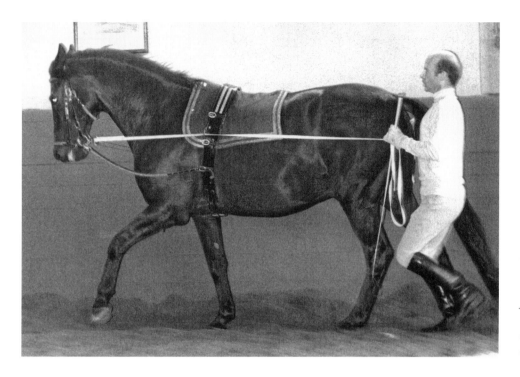

Der Trakehner Wallach „Talisman" – hier im Galopp am lagen Zügel – folgte dem Verfasser nach der Arbeit stets in kurzem Abstand und suchte dessen Nähe oft auch während er von anderen geritten wurde.

Position". Aber können sich auch Pferde ähnlich wie Ziegen einem Artfremden wie einem Leittier anschließen?

Zumindest kann man beobachten, dass Pferde sich gerne Menschen zuwenden, die für sie mit positivem Erleben verbunden sind. Wenn z.B. der Ausbilder Reiter auf Pferden unterrichtet, mit welchen er in enger Beziehung steht, so neigen diese dazu, in den Arbeitspausen zu ihm zu laufen. Ein eindrückliches Erlebnis dazu lieferte mir der Trakehner Wallach „Talisman", den ich öfters ritt und am langen Zügel ausbildete (Abb. oben), der aber meistens unter Reitschülern ging. Als ich einmal am Reitbahntor erschien und „guten Morgen" rief, warf Talisman mit einem Quietschlaut seine Reiterin ab und trabte zu mir.

Man kann auch Gegenteiliges beobachten: Ich schaue über einige Stunden einem professionellen Bereiter zu; jedes Pferd, das man ihm brachte, wich vor ihm zurück. Dem Mann war es also nicht gelungen, dem Pferd ein Partner zu sein, der Sicherheit vermittelt und dem man sich zuwenden möchte.

Die Neigung von Pferden, sich bestimmten Menschen anzuschließen, entspricht nicht den Kriterien einer Dominanzbeziehung. Denn diese beruht darauf, dass der Subdominante auf ein Verlangen oder eine Verweigerung reagiert. Hier aber handelt das Tier aus eigenem Antrieb. Die Zuordnung zum Verhalten gegenüber einem Leittier passt da schon besser. Allerdings geht das Leittier in der Regel einer ganzen Gruppe voran, während das Verhältnis Ausbilder – Pferd eine Zweierbeziehung ist, von der Freiheitsdressur mit mehreren Tieren abgesehen. Zudem ist das Leittier stets zugleich ein ranghohes Tier. Möglicherweise überwiegen aber die Elemente einer Bindung unter zwei Individuen, wie sie auch unter Pferden vor-

Tabelle 1: Bewertung von „Gehorsam" des Pferdes

Varianten von Gehorsam des Pferdes	Zustandekommen durch	Beziehung Pferd-Mensch	Auswirkungen auf das Pferd	Bewertung
Dem Menschen gelingt es, die Motivation des Pferdes so zu beeinflussen, dass es seine Aktionen durch diesen Fremdgenossen bestimmen lässt.	Verständige Arbeit des Reiters/Ausbilders	Führungsrolle des Menschen enthält Elemente von Dominanz, Leittierfunktion, positiver Partnerbeziehung	Das Pferd behält die Bereitschaft zur sozialen Auseinandersetzung mit dem Menschen.	anzustreben
Das Pferd lässt seine Aktionen bestimmen, obwohl die Einwirkungsmöglichkeiten des Menschen stark eingeschränkt sind	Gefestigte Lernerfahrung des Pferdes	Verhalten des Pferdes gegenüber Kindern, Anfängern oder Hilflosen ähnlich wie gegenüber subadulten Artgenossen		
Das Pferd gehorcht in Resignation/Schicksalsergebenheit, um Schaden zu vermeiden.	„Brechen" des Pferdes durch physische Gewalt oder Einschüchterung	Unterwerfung unter den Menschen („Submission")	Das Pferd hat es aufgegeben, sich mit dem Menschen auseinanderzusetzen	abzulehnen

kommt. Es können sich also Komponenten des sozialen Verhaltens vermischen. Ob dabei – neben der beschriebenen Bedeutung von Dominanz – die Leittierrolle überwiegt oder das Pferd eher den Partner ansteuert, mit dem es gerne zusammen ist, erscheint für das Ergebnis zweitrangig: **Entscheidend für die Beziehung des Pferdes zum Ausbilder ist, dass es mit der Person positives Erleben verbindet.** Das zeigt sich am deutlichsten daran, ob sich das Pferd dem Ausbilder zuwendet, ihm neutral begegnet oder sich von ihm abwendet. Zuwenden und Nachfolgen – bei unbegrenztem Raum und freier Entscheidung des Pferdes – ist ein deutliches Zeichen für die positive Beziehung eines Pferdes zu einer Bezugsperson.

Auch in freundlich gestimmten Zweierbeziehungen muss der Mensch jederzeit in der Lage sein, seine dominierende Rolle klarzustellen. Das gilt besonders für Interaktionen, die der Kategorie des Spiels angehören. Artfremde als Spielgefährten lassen sich auch in der Natur beobachten: Klingel (1972) beschreibt z.B. Spielpartnerschaften zwischen Zebras und Gazellen. Junge Pferde und Kälber spielen häufig miteinander. Bei mehreren erwachsenen – männlichen – Pferden ließen sich Spielaufforderungen gegenüber dem Betreuer beobachten. Ich selbst habe das nur gegenüber dem schon erwähnten Wallach „Talisman" nach der Arbeit provoziert – was diesen deutlich zu Scheinangriffen motivierte.

Spielerische Auseinandersetzungen zwischen Mensch und Pferd können zwar ein Beitrag zur Festigung einer Bindung sein – allerdings geht es beim Spiel von Pferden physisch nicht immer menschenverträglich zu. Und eine ausbildende Person sollte sich dessen sicher sein, dass sie nach Beendigung die im Spiel außer Kraft gesetzte Rangordnung wiederherstellen kann.

Wenn ein Pferd sich bei der Arbeit so verhält, wie der Mensch es von ihm verlangt, spricht man allgemein von „Gehorsam". Dass dafür ganz verschiedene Voraussetzungen verantwortlich sein können, die auch unterschiedlich zu bewerten sind, haben die dargestellten Beispiele deutlich gemacht. Die Tabelle 1 (S. 20) fasst dies nochmals zusammen.

BEDÜRFNIS NACH SICHERHEIT

Für das Pferd ist Streben nach Sicherheit eine ständig präsente Motivation. Beim Leben in Freiheit wird dieses elementare Bedürfnis wesentlich durch die Einbindung in eine Gruppe von Artgenossen befriedigt. In der Ausbildungssituation entfällt dieser Hintergrund. Besonders junge Pferde, die frisch von der Koppel in Ausbildung kommen, aber auch ältere Pferde machen beim Standortwechsel eine Phase der Unsicherheit durch. Für den Ausbilder stellt das sowohl eine Schwierigkeit dar, als auch zugleich eine Chance, seinen Einfluss auf das Tier zu steigern, indem er dem Pferd das Vermisste bietet.

Ein Pferd, dessen Verhalten durch Unsicherheit geprägt ist, kann nicht zur „Losgelassenheit" gelangen. Das ist schon bei der Besprechung der Dominanzfrage angeklungen: Stress und Unsicherheit sind – ähnlich wie beim Menschen – mit körperlicher Anspannung verbunden. Wenn aber das Pferd ständig erwartet, sich vor Aktionen des Ausbilders oder Einflüssen aus der Umgebung absichern zu müssen, ist zugleich seine Aufmerksamkeit mehr der Bewältigung der bestehenden Konfliktsituation zugewandt als auf die Annahme dessen gerichtet, was der Ausbilder von ihm verlangt. Das schränkt den Lernerfolg ein. Umgekehrt zeigen Pferde, die zuverlässig wohlwollenden Umgang gewohnt sind, erhöhte Lernbereitschaft, und sie festigen das Erlernte auch früher. Vergleichbares haben Pädagogen beim Menschen festgestellt: Vorschulkinder, die aus ihrem häuslichen Umfeld ein Grundgefühl von Sicherheit mitbringen, sind zu doppelt so langen Konzentrationsphasen fähig wie Kinder mit einem weniger günstigen Hintergrund. **Dem Pferd Sicherheit zu vermitteln, gehört deshalb zu den wichtigsten Aufgaben des Ausbilders.**

Teil 2
Wie lassen sich Respekt und Gefolgschaft des Pferdes erreichen?

*Aus den beschriebenen Beziehungskomponenten zwischen Pferd und Ausbilder ergibt sich für diesen die Anforderung, den **Respekt** und zugleich die **Gefolgschaft** des ihm anvertrauten Pferdes zu erwerben. Vorraussetzung dafür ist es, dem Tier die **Freiheit und Motivation zur sozialen Auseinandersetzung mit dem Menschen zu belassen** und ihm zu vermitteln, **dass es sich in seiner Obhut sicher fühlen kann** – beides Hauptmerkmale pferdegerechter Ausbildung. Ob das Pferd seine Betreuung so erlebt, hängt vom Verhalten des Ausbilders ab.*

Verhalten des Ausbilders gegenüber dem Pferd

Geeignetes Ausbilderverhalten setzt entsprechendes Wissen und Erfahrung voraus. Das Auftreten von Menschen gegenüber Pferden ist aber zugleich emotional beeinflusst und durch die Eigenschaft der Persönlichkeit geprägt.

Pferde beobachten die Menschen und ihre Verhaltensäußerungen ständig, bewerten ihre Wahrnehmungen und verhalten sich dementsprechend. Ihren Reiter taxieren sie blitzschnell – etwa so wie eine Schulklasse nach wenigen Minuten weiß, was sie sich einem neuen Lehrer gegenüber künftig erlauben kann. Selten kommt es da zu Fehleinschätzungen. Manche Reitschulpferde sind besonders routiniert darin, immer nur gerade so viel zu leisten, wie es nach ihrer sicheren Einschätzung bei dem betreffenden Reiter unerlässlich ist. Nicht anders ist es beim Longieren und sonstiger Arbeit vom Boden aus.

Eine Reiterin war in einem Reitstall zu Besuch, wo ihr ein bestimmtes Pferd anvertraut wurde. Sie hatte keine Probleme mit dem Tier. Nach Tagen erfuhr sie, dass das Pferd zur Korrektur gegeben wurde, weil es seine Besitzerin nicht aufsitzen ließ. Diese sah später Videos mit dem Pferd und sagte sich „Das muss also doch gehen!" Also ging sie beim nächsten Mal den Aufsitzvorgang entschlossen an, und das Pferd ließ sie aufsitzen. Ihr früheres unsicheres Verhalten hatte die Abwehr des Pferdes ausgelöst, während es die selbstverständliche Sicherheit der anderen Reiterin akzeptierte. Es ist einleuchtend, dass derartige Verhaltensunterschiede von Ausbildern über den Lernerfolg entscheiden können.

Sicherheit und gelassene Bestimmtheit im Auftreten sind Voraussetzungen dafür, dass das Pferd Führung akzeptiert

Selbst bei dieser hoch versammelten Lektion – Piaffe in leichter Vorwärtsbewegung – zeigt das Pferd einen entspannten Gesichtsausdruck bei gelöstem Bewegungsablauf: Losgelassenheit in der Versammlung. Das Bild vermittelt etwas von der "wohlwollenden Gemütlichkeit", von der die Arbeit mit dem Pferd nach Steinbrecht (1884) bestimmt sein soll.

und sich selbst sicher fühlt als Vorraussetzung dafür, dass es sich entspannt und die so unabdingbar notwendige Losgelassenheit erreicht.

Dazu ist erforderlich, dass der Ausbilder etwa bei der Arbeit vom Boden aus die unterschiedlichen Kommunikationsmittel – also Stimme, Körpersprache und Berührungen – **gleichgerichtet und der Situation angepasst** einsetzt (siehe Teil 4). Nichts irritiert ein Pferd mehr, als wenn z.B. die Stimme etwas anderes ausdrückt als die Körpersprache. Auch die Anwendung von Belohnung, Nichtbeachtung oder Zurechtweisung verlangt gleichbleibend situationsbezogene Anwendung, also Konsequenz – denn nur so ist der Mensch für das Pferd „berechenbar". Die Auswirkungen inkonsequenten Handelns gegenüber dem Pferd sind gut vergleichbar mit den Erfahrungen in der Kindererziehung. Pferde spüren die Lücken im Ausbildungsverhalten auf und nutzen sie. Besonderen Einwirkungsverlust haben unbegründete Belohnungen oder gar „Bestechungsversuche" zur Folge.

Vom Ausbilder wird auch ein hohes Maß an **Konzentration** verlangt. Außenkontakte sollten auf Arbeitspausen beschränkt bleiben. Pferde, welche ich häufig an der Longe arbeite, fallen prompt in die nächstniedere Gangart, wenn ich Antwort auf die Frage eines Außenstehenden gebe; die schon erwähnte Stute Valérie bleibt sogar abrupt stehen.

Die emotionale Komponente, die mit dem Verhalten des Ausbilders gekoppelt ist, kommt in einem Hinweis Gustav Steinbrechts in seinem berühmten „Gymnasium des Pferdes" zum Ausdruck: die Arbeit mit dem Pferd solle stets von „wohlwollender Gemütlichkeit bestimmt" sein. Ich habe dabei das Bild meines Lehrers Egon von Neindorff in seinen besten Jahren vor Augen: Im Sattel seiner Ausbildungspferde strahlte er – Zigarre im Mundwinkel – Wohlbehagen aus, und hatte stets ein hochkonzentriertes Pferd unter sich (Abb. S. 23).

Auf der Grundlage emotionaler Ausgeglichenheit muss das Handeln des Ausbilders gegenüber dem Pferd **rational gesteuert** sein. Das setzt **Selbstkontrolle** voraus. Anzustreben ist die Fähigkeit, die eigene Befindlichkeit „vergessen" zu können, etwa persönliche Probleme auszublenden, während man mit dem Pferd arbeitet. „Kitty" erteilte mir hierzu eine Lektion, an die mich noch heute eine Narbe am Arm erinnert: Sie versetzte mir einen heftigen Biss, als ich ihre Box betrat, nachdem ich zuvor – außerhalb des Stalles – eine Auseinandersetzung mit einer anderen Person hatte. Ich war noch „geladen", und Kitty registrierte das als bedrohlich. In der Reitbahn sind affektbehaftete Reaktionen auf „Fehler" des Pferdes kontraproduktiv, weil sie Unsicherheit und Abwehrverhalten des Pferdes auslösen und Spannungen verstärken.

Tabelle 2: Verhaltensweisen gegenüber dem Pferd, die geeignet/ ungeeignet sind, Respekt und Gefolgschaft des Pferdes zu gewinnen

Geeignet		Ungeeignet	
Sicheres Auftreten	verbunden mit freundlicher Bestimmtheit	Unsicherheit Ängstlichkeit	aber auch überzogene Strenge
Geduld		Ungeduld	
Selbstkontrolle	rational gesteuertes Handeln, Ausblenden persönlicher Befindlichkeit	Unbeherrschtheit	das Pferd eigene Befindlichkeit spüren lassen, affektbeladene Reaktionen
Konzentration	auf das Pferd, Außenkontakte nur in Pausen, rasche Reaktion	Unkonzentriertheit	Sprechen mit Außenstehenden, zögerliche Reaktionen
Flexibilität	angepasste Reaktion auf Situation und Verhalten des Pferdes	Schablonenhaftigkeit	undifferenziertes, immer gleiches Vorgehen ohne Anpassung an Situation und Verhalten des Pferdes
Konsequenz/ Berechenbarkeit	Belohnung nach Beachtung von Anweisungen, gleichartige Reaktion auf vergleichbares Verhalten des Pferdes	Inkonsequenz/ Unberechenbarkeit	Unbegründetes Belohnen, Bestechungsversuche, unterschiedliche Reaktionen in vergleichbaren Situationen, unangemessene Maßnahmen, abrupte Verhaltensänderungen ohne Bezugsnahme auf das Pferd
Deutlichkeit	durch gleichartige und gleichgerichtete Hilfen und Signale (Körpersprache, -spannung, taktile und stimmliche Hilfen, Reiterhilfen)	Undeutlichkeit	durch Hilfen und Signale, die sich widersprechen, Unterlassen einer Reaktion auf richtig und falsch

Einfluss der Persönlichkeit des Ausbilders

Eine Anzahl pferdeverständiger Menschen hatte ich gebeten, ihre Meinung zum geeigneten Ausbilderverhalten aufzuschreiben. Die ausgewählten Angaben in Tabelle 2 kamen zwar alle in den Antworten vor, aber mit unterschiedlichen Schwerpunkten und fast nie vollständig. Den Teilnehmern fiel es schwer, zwischen Verhalten und den ebenfalls erfragten Persönlichkeitsmerkmalen (Tabelle 3) zu unterscheiden. Das ist verständlich, denn zwischen beiden besteht ein enger Zusammenhang: Die Eigenschaften einer Persönlichkeit drücken sich unweigerlich im Verhalten des betreffenden Menschen aus.

Wenn sich daher eine Persönlichkeit in eben denjenigen Verhaltensweisen niederschlägt, die im Umgang mit Pferden vorteilhaft sind, dann tut sich dieser Mensch vergleichsweise leicht bei der Arbeit mit diesen Tieren. Es sind Persönlichkeitsmerkmale, die der Begriff „Führungsqualitäten" treffend zusammenfasst. Umgekehrt hat es etwa ein grundsätzlich ängstlicher und unentschlossener Mensch schwer, von Pferden als Führungsperson angenommen zu werden.

Von Nutzen ist es, sich den Zusammenhang zwischen eigener Veranlagung, daraus resultierendem Verhalten und der Reaktion von Pferden bewusst zu machen. Das Bewusstsein eigener Defizite hilft dabei, an den eigenen Verhaltensweisen zu arbeiten – so wie in dem Beispiel des Pferdes, das seine Besitzerin nicht aufsitzen ließ.

Ganz ähnlich wie beim Menschen finden wir auch unter den Pferden recht unterschiedliche Ausprägungen im Verhalten des Einzeltieres. Diese sind nur zum Teil genetisch bedingt. Auch Pferde aus homogenen Zuchten weisen ein hohes Maß an Individualität auf, die sich im Zusammenwirken von Veranlagung, Entwicklungseinflüssen und Erfahrungen herausbildet. Nicht zu vergessen sind auch die Unterschiede zwischen den Geschlechtern.

Versuche, Mensch oder Pferd in ihren Grundanlagen zu „verbiegen", versprechen wenig Erfolg. Viel Frust auf beiden Seiten lässt sich aber vermeiden, wenn es gelingt, die einzelne Person mit dem jeweils geeigneten Pferd zusammenzubringen. Dabei geht es nicht nur um Schwäche und Stärke, sondern um die Nutzung unterschiedlicher Qualitäten: Ein Mensch, der Schwierigkeiten hat, auch einmal heftig aufzutreten, kann gleichwohl guten Zugang zu Pferden haben und mit vielen durch geeignete Strategien erfolgreich arbeiten. Aber im Zweifelsfall sollte er überlegen, ob ein Pferd mit besonders ausgeprägter Durchsetzungsmotivation gerade für ihn das passende ist. Das kann sich eine „starke" Persönlichkeit eher leisten.

Ein schönes Beispiel dafür gab Reiner Klimke mit seinem eigenwilligen „Ahlerich". Die beiden erlebte ich 1982 bei einer Sichtungsprüfung (Niederzeuzheim). Bei Temperaturen von über 30 Grad durften die Reiter ihre Fräcke ausziehen. Pferde und Reiter mühten sich bleiern durch die Grand Prix-Aufgabe. Bis zum Auftritt von Ahlerich. Das Pferd wirkte frisch, aber auch etwas aufmüpfig (Bemerkung einer Nachbarin: „Endlich ein Pferd!"). Beim Mittelgalopp stürmte Ahlerich einfach davon und verpatzte auch noch ein paar weitere Lektionen. In dieser Konkurrenz wurden sie vierte – immerhin. Aber in der Folgezeit gewann dieses Paar aus starken Persönlichkeiten Weltmeistertitel und olympische Goldmedaillen! (Abb. übernächste Seite)

Tabelle 3: Persönlichkeitsmerkmale des Ausbilders, die Ausbildung und Umgang mit Pferden erleichtern/ erschweren

Erleichtern		Erschweren	
Normales Selbstbewusstsein	sichere Selbsteinschätzung, Akzeptanz eigener Stärken und Schwächen, Willensstärke, Entscheidungsfreude	Gestörtes Selbstgefühl	Ängstlichkeit, Schüchternheit, Willensschwäche, Labilität, Unentschlossenheit
Soziale Kompetenz	Empathie, Sensibilität, Selbstbeherrschung, Toleranz, Verantwortungsbewusstsein, Verlässlichkeit, Reflexionsfähigkeit	Sozialer Kompetenzmangel	gestörte Eigen- und Fremdwahrnehmung, Überheblichkeit, Unbeherrschtheit, Intoleranz, Gefühllosigkeit, Sorglosigkeit, Unzuverlässigkeit
Ausgeglichenes Wesen	Gelassenheit, Geduld, Besonnenheit, positives Denken	Mangel an Ausgeglichenheit	Verbissenheit, Ungeduld, Launenhaftigkeit, Hysterie, Cholerik, Unüberlegtheit, übertriebene Emotionalität
Lernvermögen	Offenheit für Neues, geistige Flexibilität, Kritikfähigkeit	Eingeschränktes Lernvermögen	Sturheit, geistige Unbeweglichkeit, fehlende Kritikfähigkeit, Kritiklosigkeit
Beharrlichkeit	Zielstrebigkeit, Fleiß	Nachgiebigkeit	Faulheit, Trägheit
Fitness	Beweglichkeit, Ausdauer, gutes Reaktionsvermögen	Mangel an Fitness	Unbeweglichkeit, Schlaffheit, reduziertes Reaktionsvermögen

Reiner Klimke mit Ahlerich bei einer Intermediaire-Prüfung in Los Angeles 1984. Schwungvolle Trabbewegung und natürliche Aufrichtung des Pferdes. Klimke und sein eigenwilliger Ahlerich gewannen ungezählte Dressurprüfungen, wurden Weltmeister im Dressurreiten und Olympiasieger.

Teil 3
Arbeitsstrategien

Dem Pferd beizubringen, dass es auf bestimmtes Verhaltern des Ausbilders mit jenem Verhalten zu reagieren hat, das dessen Vorstellungen entspricht, ist für Mensch und Pferd mit erheblichen Anforderungen verbunden. Der Mensch kann dem Tier – und sich selbst – helfen, diese zu bewältigen, wenn er einige „strategische" Grundsätze beachtet.

Anfangserlebnisse gestalten

Pferde haben bekanntlich ein gutes Gedächtnis. Ihm prägen sich besonders jene Erlebnisse ein, die am Beginn eines Situationswechsels stehen. Dem Ausbilder muss bewusst sein, dass die Begegnung mit einer neuen Bezugsperson, die Ankunft und erste Arbeit an einem neuen Standort, der Beginn einer neuen Ausbildungsphase, die Konfrontation mit der Ausrüstung usw. Anforderungen darstellen, die das Pferd verarbeiten muss, zusätzlich zu dem, was von ihm eigentlich erwartet wird. Besonders gilt das für die ersten Ausbildungserfahrungen junger Pferde.

Nimmt der Ausbilder ein neues oder junges Pferd in Arbeit, erlaubt er diesem, dass es ihn „erkundet". Er wendet sich also nicht dem Pferd zu, sondern richtet seine Aufmerksamkeit scheinbar auf etwas anderes, etwa ein Gespräch mit einer weiteren Person, während das Pferd ihn beschnuppert. Anschließend nimmt er freundlichen Kontakt mit dem Neuling auf – der Beginn einer positiven Beziehung. Diesen schlichten Einstieg haben mir die Pferde – selbst wenn es Problemfälle waren – stets mit Bereitschaft zu weiteren Interaktionen beantwortet.

Ähnlich ist es mit einer neuen Umgebung. Es erleichtert die Arbeit, wenn das Pferd mit dem Umfeld vertraut ist, in dem es arbeiten soll. Den Ankömmling, besonders wenn es ein junges Pferd ist, führt man vor dem ersten „Einsatz" am besten an lockerer Leine in der Reitbahn herum, damit er alles anschauen und beschnuppern und sich so mit der neuen Umgebung vertraut machen kann. Auf diese Weise sind schon einmal Beeinträchtigungen durch unbefriedigtes Erkundungsbedürfnis reduziert. (Abb. nächste Seite)

Auch beim Vertrautmachen des Pferdes mit der Ausrüstung ist behutsames Vorgehen angebracht. Mit gefiel die Arbeit einer Ausbilderin, die einem unerfahrenen Pferd erst nur einen leichten Kappzaum anlegte. Nach Tagen bekam es einen einfachen Deckengurt, nach weiterer Zeit hielt der Gurt

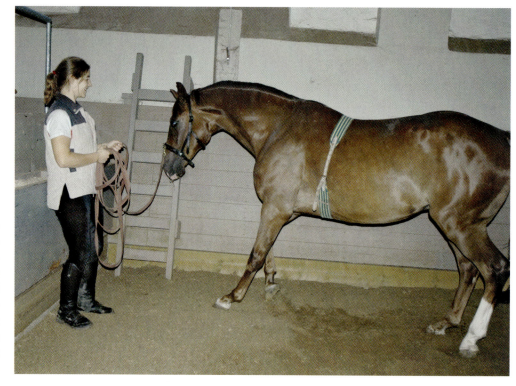

Einem unerfahrenen Neuankömmling wird die Reithalle gezeigt. Die Körperhaltung des Pferdes drückt Ängstlichkeit und Widerstreben aus, aber die Kopf-Hals-Stellung zeigt, dass das Pferd die „gefährliche" Ecke doch näher erkunden möchte.

eine Satteldecke. Erst als sich das Pferd an den Kontakt in der Sattellage und an die Gurtspannung gewöhnt hatte, wurden Gurt und Decke durch einen Sattel ersetzt.

Die Situationsbeispiele „Erkunden lassen" und „Vertraut machen" stehen für einen Grundsatz, den man als **„Entzerrung der Anforderungen"** bezeichnen könnte: Es erleichtert den Lernprozess, wenn man vom Pferd nicht zu viel auf ein Mal verlangt.

Wirklich einschneidend und geradezu prägend für das Pferd ist der Augenblick, in dem es zum ersten Mal einen Reiter tragen soll. Dass man mit diesem entscheidenden Vorgang ein Pferd traumatisieren und verderben kann, wurde bereits bei dem abzulehnenden „Einbrechen" von Pferden erwähnt. Deshalb geben die „Richtlinien für Reiten und Fahren" (Band 1, Grundausbildung für Reiter und Pferd, 1994 und spätere Ausgaben) der Deutschen Reiterlichen Vereinigung den Ausbildern besonders nachdrückliche Hinweise für die Gestaltung dieser Anfangssituation an die Hand.

Als Vorbereitung dient eine Phase mit Führ- und Longenarbeit ohne Reiter (z. B. Oese, 1992: bei dreijährigen Pferden mindestens sechs Monate, bei älteren nicht unter zwei Monaten). Dafür werden hauptsächlich gymnastische Gründe angeführt: Das Pferd soll Gleichgewicht und Bewegungstakt finden und allmählich Kondition aufbauen. Aber auch unter Verhaltensaspekten ist das ein entscheidender Schritt. Denn erstmals ist das Pferd unter Arbeitsanforderungen mit dem Ausbilder allein und muss sich auf den Menschen konzentrieren. Dem Pferd fällt es leichter, mit dem am Boden stehenden Menschen zu kommunizieren, denn da sieht es ihn und nimmt seine Haltungen, Bewegungen und Gesten wahr – im Gegensatz zur Arbeit unter dem Sattel, bei der sich der Reiter außerhalb seines Blickfeldes befindet.

Das junge Pferd, das mit dem Ausbilder allein ist, sucht gewöhnlich Kontakt und Nähe zu diesem. Longierarbeit bedeutet aber, dass das Pferd auf Distanz geschickt werden muss. Dem auf Anschluss bedachten Pferd muss das zunächst widerstreben, zumal Wegschicken unter Pferden Dominanz demonstriert. Diese braucht der Ausbilder zwar, doch wird dem Neuling an der Longe die Konfliktsituation erleichtert, wenn man nach der Tradition der Spanischen Hofreitschule verfährt (Abb. unten): Ein Begleiter fasst die Longe nahe dem Pferd an und kann die Distanz allmählich vergrößern. In Ermangelung einer solchen Hilfsperson kann der Ausbilder das Pferd zunächst selbst auf dem Zirkel führen und sich dann allmählich in Richtung Mittelpunkt rückwärts bewegen.

Anlongieren eines jungen Hengstes in der Spanischen Hofreitschule Wien: Ein Begleiter fasst die Longe nahe beim Pferd an und zeigt ihm so, dass es auf dem Kreis zu gehen hat. Ist diese Information beim Pferd angekommen, entfernt er sich allmählich. Auf diese Weise lässt sich die Unsicherheit überbrücken, die das Pferd empfindet, wenn es vom Ausbilder weg auf den Zirkel geschickt wird.

Während der Longierphase wird das Pferd mit den Kommunikationsmitteln vertraut (s. Teil 4), und die Beziehung zum Ausbilder festigt sich. Die Ausrüstung - also Kappzaum, Trense, Longiergurt, Sattel, Longe und Peitsche – sind für das Pferd zur Normalität geworden, und mit seiner neuen Umgebung hat es sich inzwischen abgefunden.

Der Vorgang des ersten Aufsitzens wird vom vertrauten Ausbilder geleitet, der vor dem Pferd steht, um ihm Sicherheit zu vermitteln und es für jedes erwünschte Verhalten zu loben. Der vorgesehene Reiter – eine leichte und routinierte Person – beginnt z.B. mit Belastung durch sich Anhängen am Widerrist, am Bügelriemen, wobei ein weiterer vertrauter Helfer gegenhält, dann mit Auflehnen über dem Sattel. Sitzt der Reiter nach diesen Zwischenstufen schließlich im Sattel, wird das Pferd erst einmal geführt. Die ersten Phasen mit Reiter sind kurz und werden erst allmählich ausgedehnt.

Gewiss kommt es auch vor, dass ein Mensch, der ein Pferd anreiten möchte, nicht über ein oder zwei weitere geeignete Personen verfügt, die ihm in dieser kritischen Phase helfen. Dann ist es besonders wichtig, dass die Beziehung des Pferdes zu diesem Ausbilder gefestigt ist. Das Pferd muss durch die vorausgehende Arbeit an der Longe und an der Hand so geschult sein, dass es auf Anforderung jederzeit stehen bleibt. Mit einer Aufsitzhilfe (stabile Kiste oder dergleichen) kann man die Vorübungen durchführen und schließlich aufsitzen.

Es sollte einleuchten, dass dieses sorgfältige und auch aufwändige Vorgehen nicht durch ein Schnellverfahren ersetzbar ist, das ein junges Pferd in einem Arbeitsgang binnen einer Stunde unter den Sattel bringt. Ohne Auswirkungen auf die Befindlichkeit „sicher" und auf die Motivation des Pferdes zur sozialen Auseinandersetzung mit dem Menschen geht es nicht auf die schnelle Tour, auch wenn sie in Shows beeindruckt. Sie beruht auf Einschüchterung, ist somit die psychische Variante vom „Einbrechen" und widerspricht den hier dargestellten Grundsätzen.

Pferde suchen in jeder Lebenssituation Anschluss, was auch für die erste Zeit unter dem Sattel zutrifft. Anschluss an Artgenossen ist ihnen Grundlage für das Empfinden von Sicherheit. Deshalb empfiehlt die FN-Richtlinie, das junge Pferd in Gesellschaft eines oder mehrerer „Führpferde" zu reiten. Entsprechend reitet man z.B. im Haupt- und Landgestüt Marbach die frisch unter den Sattel genommenen Remonten in der Abteilung. Damit ist gewissermaßen die Situation aus Abb. S. 7 nachgestellt, in der freilebende Pferde ihren Leitstuten nachlaufen. Den Reitern erlaubt das in dieser frühen Ausbildungsphase eine schonende Hilfengebung. Ein weiterer Ausbildungsschritt besteht dann darin, den Pferden beizubringen, dass sie nicht „kleben" dürfen und ruhig bleiben, auch wenn sie alleine sind. Die ausbildende Bezugsperson muss als Ersatz dienen, auf sie muss sich das Pferd um so mehr konzentrieren.

Jede Ausbildungsphase stellt das Pferd vor neue Anforderungen. Immer wenn Neues verlangt wird, bewährt es sich, wenn dem Pferd möglichst viel Vertrautes gegenwärtig ist: z.B. die bekannten Personen (wenn die Beziehung positiv ist), die Ausrüstung, das Umfeld – Komponenten also, die im Erleben des Pferdes Bestandteile von „Sicherheit" sind.

Ein Situationsbeispiel: Einem Pferd sollen erste versammelnde Tritte an der Hand entlockt werden, beteiligt sind eine Person, die es führt, und eine weitere, die touchiert. Dabei sollen die Personen dem Pferd vertraut sein, und man wird zu diesem Zweck auch nicht neue Ausrüstungsgegenstände verwenden. Man begnügt sich bei diesem ersten Mal mit der geringsten Reaktion des Pferdes, die in die gewünschte Richtung geht. Das nächste Mal kennt das Pferd schon diese Dreier-Konstellation, und die Konzentration auf die eigentliche Anforderung ist damit weiter verbessert.

Auch in fortgeschrittenem Stadium der Ausbildung soll der Ausbilder seine Aufmerksamkeit zunächst darauf richten, dass das Pferd begreift, was von ihm Neues verlangt wird. Wie gut es das umsetzt, ist zunächst unwichtig. Erst wenn das Pferd gemerkt hat, was man von ihm will, wird die Anforderung gesteigert. Der strategische Grundsatz lautet also **Information vor Beanspruchung.**

Vertraut Machen mit Konstellationen und Anforderungen, ohne viel Leistung zu verlangen, kann früh im Ausbildungsverlauf beginnen. Je länger das Pferd Zeit bekommt, in der es allmählich mitbekommt, was man von ihm will, desto deutlicher kann man es später fordern – „anfassen" wie die Reiter sagen. Ein weiterer Grundsatz lautet daher **„Information früh, Beanspruchung spät".** Dieses Leitmotiv für den längerfristigen Aufbau der Ausbildung macht nicht nur hinsichtlich des Lernverhaltens Sinn, sondern auch in Bezug auf die Entwicklung der körperlichen Leistungsfähigkeit. Denn bei einem zu schnell und zu früh auf Leistung trainierten Pferd erhöht sich nicht etwa die Zahl an Lebensjahren in höchster Leistungsfähigkeit, sondern sie vermindert sich erfahrungsgemäß.

Die Beherzigung der Ratschläge in diesem Abschnitt kostet den Ausbilder Zeit, unter Umständen sogar viel Zeit. Aber selten dürfte eine alte chinesische Weisheit besser treffen als hier: Wenn du keine Zeit hast, nimm sie dir – am Anfang!

Arbeitsumfeld- und Aussenreize

Um besonders dem jungen Pferd die Konzentration auf den Ausbilder und dessen Anforderungen zu erleichtern, ist es hilfreich, Störungen und Ablenkungen von außen – so weit es geht – auszuschließen. Außenreize, die die Aufmerksamkeit des Pferdes binden, können z.B. ungewohnter Lärm oder außergewöhnliche Aktivitäten in der Umgebung sein. Besonders aber reagieren Pferde auf alles Geschehen, an dem andere Pferde beteiligt sind; z.B. war für meine "Valerié" in ihrer Anreitphase unruhiges Hufgeklapper auf dem Hof ein Signal für schwer kontrollierbaren Vorwärtsdrang. Eine Reiterin berichtete mir, dass sie ihr Pferd nicht zur Losgelassenheit bringt, solange in der Reitbahn andere Reiter mit ihren Pferden grob und lieblos umgehen, was häufig vorkommt. Pferde nehmen daran teil, was mit anderen Pferden geschieht und reagieren darauf – nicht nur in der Reitbahn: In einer Pferdeklinik wurde ein Tierarzt angegriffen, der sich an einem daneben stehenden Pferd zu schaffen machte. Störungen durch bedrohlich erscheinendes Handeln an anderen Pferden in der Reitbahn sind besonders in der Lernsituation zu vermeiden, weil sie dem Ausbildungsziel unmittelbar zuwiderlaufen.

Ablenkung – und Störung der Ausbildungsarbeit – kann aber auch darin bestehen, dass das Pferd einen Ort im Blickfeld hat, der ihm attraktiver erscheint als die Reitbahn. Wenn z.B. der Reitplatz neben einer Koppel liegt und der Bereiter ein junges Pferd aus der Gruppe nimmt, um es auf dem Platz zu reiten, kann er sich diesen Versuch gleich sparen, denn das Pferd wird sich allein auf die erwünschte Rückkehr zur Gruppe konzentrieren.

In späteren Ausbildungsphasen wird die Gewöhnung an Außenreize, die dem Pferd zunächst unangenehm sind oder als bedrohlich erscheinen, selbst zum Lernziel. Sonst müssten die meisten Pferde auf Turnieren oder bei Präsentationen versagen, wo sie mit Publikum und einem unbekannten Umfeld konfrontiert sind. Im Gelände erfordert es allein sie Sicherheit des Reiters, dass die Pferde nicht auf jeden Reiz hin zur Flucht neigen.

Wie weit man Pferde dazu bringen kann, sich selbst in zunächst beängstigenden Situationen gemäß den Anforderungen des Menschen zu verhalten, zeigt die Ausbildung der Polizeipferde: Sie springen durch Feuer oder geschlossene Papierwände und bleiben selbst bei Tumulten und Explosionslärm ruhig stehen. Ein wesentlicher Schlüssel zu diesen erstaunlichen Leistungen liegt darin, dass jedes Polizeipferd nach seiner Grundausbildung seinen ständigen Reiter bekommt – als Sicherheit vermittelnde Bezugsperson. (Abb. nächste Seite)

Verhalten und Pferdeausbildung

Wenn ein Polizeipferd bereit ist, sogar durch Feuer zu galoppieren, geht dem ein langer Lernprozess voraus, der seine natürliche Scheu vor ungewohnten und gefährlich erscheinenden Reizen allmählich abgebaut hat. Nicht minder wichtig ist dabei die enge Beziehung des Pferdes zu seinem ständigen Reiter, auf den es sich verlässt. Württ. Wallach „Wiesel" unter Polizeiobermeisterin Antje Krutz.

Arbeitsaufbau und Anforderungen

Der Ausbilder darf nur solche Anforderungen an das Pferd stellen, die es gemäß seiner Veranlagung, seinem Ausbildungsstand und seiner Tagesform auch bewältigen kann. Bewältigungsfähigkeit einzuschätzen, ist eine der anspruchsvollsten Aufgaben für den Bereiter. Denn Pferde sind hinsichtlich ihres Lernvermögens und ihrer körperlichen Voraussetzungen sehr verschieden: Es gibt leichttrittige, die dazu verführen, sie zu überfordern, und andere, bei denen es länger dauert, ein zumutbares Ziel zu erreichen. Ein kluger Ausbilder hütet sich vor Zeitangaben: Den Reitmeister von Neindorff habe ich in fast 50 Jahren niemals eine Prognose abgeben hören, wenn er gefragt wurde, bis wann ein Pferd etwas Bestimmtes – z. B. ein Galoppchangement – gelernt haben wird. „Das bestimmt das Pferd" war seine Antwort.

Es geht aber nicht nur darum, dass das Pferd die Anforderung bewältigen kann: Auch der Ausbildende muss sicher sein, dass das, was er vom Pferd verlangt, seinem eigenen Können entspricht. Erfahrungsgemäß fällt vielen Reitern die Selbsteinschätzung nicht leichter als die Beurteilung der Bewältigungsfähigkeit des Pferdes. Wenn aber der Reiter sein eigenes Vermögen falsch einschätzt, wird es auch für das Pferd schwierig, eine Anforderung zu erfüllen. **Pferdegerechte Ausbildung spielt sich also zwischen zwei Begrenzungen ab: den Möglichkeiten des Pferdes und denen des Reiters.**

Der Aufbau der einzelnen Trainingseinheit beginnt schon aus physiologischen Gründen (Produktion der Synovia in den Gelenken, langsame Ankurbelung des Muskelstoffwechsels) mit einer „Aufwärm-" und Lockerungsphase – wie sie die klassische Ausbildungslehre verlangt. Das gilt übrigens auch für Pferde, die zur Arbeit von der Weide oder vom Gemeinschaftspaddock geholt werden, wo die Pferde meistens nur herumstehen oder sich mäßig im Schritt bewegen. Im Laufe der Lockerungsphase soll das Pferd dazu kommen, Hals- und Kopf vorwärts-abwärts fallen zu lassen, bei fließendem und taktmäßigem Bewegungsablauf (Abb. rechte Seite) Mit diesen entspannten Bewegungen zeigt das Pferd an, dass es für weitere Beanspruchungen gerüstet ist. Auch am Ende der Trainingseinheit (Abb. S. 34) und gegebenenfalls zwischendrin dient dieser Bewegungsablauf der Herstellung oder Wiederherstellung von **Losgelassenheit als „innerer Gelassenheit und als Möglichkeit der Muskulatur, unverkrampft zu arbeiten"** (M. Plewa, zit. Schnitzer, 1996).

Jeder Ausbilder macht die Erfahrung, dass sich Pferde Abläufe merken. Das kann man nutzen, um einem Pferd eine Lektion zu vermitteln: Wenn man eine Anforderung an gleicher Stelle eines Ablaufes und am selben Ort wiederholt, wird das Pferd bald schon darauf warten und von selbst aktiv werden. Das kann z.B. dabei helfen, dem jungen Pferd das Angaloppieren aus dem Schritt beizubringen, oder in einem späteren Ausbildungsstadium die ersten Ansätze zur Piaffe zu vermitteln. Sobald aber das Pferd erfasst hat, was von ihm erwartet wird, muss der Ausbilder Zeitablauf und Ort der Anforderung ändern, damit das Pferd das Verlangte nur noch mit der Hilfengebung assoziiert. Denn bei immer gleichen Abfolgen versuchen die Pferde meistens, gemäß dem Gewohnten ihr eigenes Programm durchzuziehen. Deshalb muss der Bereiter immer wieder Zeiteinteilungen und Sequenzen variieren, das Pferd „beschäftigen", damit es aufmerksam bleibt und auf die gegebenen Hilfen reagiert anstatt sich selbstbestimmt zu verhalten. Der Ausbilder tut gut daran, entsprechende Aktivitäten des Pferdes vorauszuahnen und ihm zuvorzukommen.

Beim „Vorwärts-Abwärts" lässt das Pferd Hals und Kopf fallen, die Stirnlinie zeigt nach vorne wie bei der Erkundungshaltung. Bewegt sich das Pferd dabei mit schwungvollen Tritten, so zeigt sich die erwünschte Entspannung des Bewegungsapparates, die vor weiterer Beanspruchung erreicht sein soll. Diese Entspannungsbewegung ist auch zur Wiederherstellung von Losgelassenheit nach Schwierigkeiten während der Arbeit anzustreben, und mit ihr schließt die Arbeitseinheit ab. Die Anlehnung an Zügel oder Longe bleibt dabei erhalten. Der Bewegungsablauf in dieser Haltung zeigt nicht nur Entspannung als physischen Zustand an, sondern zugleich **entspannt Sein als Befindlichkeit des Pferdes.**
Abb. oben: Freier Trab in entspannter Haltung. Zweibrücker W. Donatello mit Christiane Müller.
Abb. unten: Vorwärts-abwärts-Haltung einer Remonte an der Longe. Hann. Wallach „Wednesday".

Verhalten und Pferdeausbildung

Nach der Arbeit soll sich das Pferd beim allmählichen Hingeben der Zügel in weit ausgreifenden Schritten mit langem tiefem Hals bewegen. Die Stirnlinie bleibt vor der Senkrechten. Hann. Stute „Inge" mit Agnes May.

Bei den standardisierten Aufgaben internationaler Dressurwettbewerbe, etwa dem „Grand Prix", kommt das Gedächtnis der Pferde einerseits den Reitern zugute, denn die Pferde kennen das Programm „auswendig"; andererseits dürfen die Pferde den Reiterhilfen nicht zuvorkommen. Deshalb wird der Ausbilder bei der Arbeit zwischen Turniereinsätzen die einzelnen Prüfungsanforderungen in anderer Weise in sein Trainingsprogramm einbinden.

Bestandteil der Strategie sind **geeignete Arbeitspausen – insbesondere nach gesteigerten Anforderungen.** Dabei geht das Pferd im Schritt ohne treibende Hilfen, und die Zügel sind ihm vollständig hingegeben. Diese Pausen dienen nicht nur der Erholung des Muskelstoffwechsels, sondern tragen dazu bei, das Pferd für die Arbeit bei Laune zu halten.

Als junger Reiter durfte ich oft auf Pferden meines Lehrers von Neindorff sitzen, wenn er gegen Ende der Ausbildungseinheit abgesessen war, um das Pferd vom Boden aus zu versammelnden Tritten oder zum Piaffieren zu veranlassen. Zwischen den einzelnen Ansätzen soll das Pferd ruhig stehen bleiben. Das gelingt oft nicht so recht, weil das Pferd übereifrig ist oder sich „aufheizt". Von Neindorff blieb dann ruhig stehen und fing mit mir ein längeres Gespräch an. Das Pferd merkt in dieser Situation, dass die Aufmerksamkeit nicht ihm gilt, und es beruhigt und entspannt sich. Wenn dann die Anforderung wieder einsetzt, sind die meisten Pferde wieder mit Einsatzfreude bei der Sache. Das Beispiel lässt sich an jedem Pferd reproduzieren. Die Beruhigungswirkung lässt sich verstärken, wenn der Ausbilder mit der Hand am Hals in Widerristnähe Berührungskontakt hält, und das Pferd nicht anschaut (Abb. rechts und nächste Seite).

Verhalten und Pferdeausbildung

Bei gesteigerten Anforderungen sind Arbeitspausen wichtige Bestandteile des Arbeitsaufbaus. In den Pausen muss das Pferd merken, dass nichts mehr von ihm verlangt wird. Als Beispiel hier die Piaffearbeit an der Hand und unter dem Reiter (Abb. oben): In der Pause (Abb. unten) richten der am Boden Stehende und der Reiter ihre Aufmerksamkeit – scheinbar – vom Pferd weg auf anderes. Sie geben sich relaxt, sprechen miteinander, eine Hand kann beruhigenden Kontakt mit dem Pferd halten. So wird es „abschnaufen" und sich entspannen, zugleich aber aufmerksam darauf warten, dass es weitergeht. Die Länge der Pause richtet sich nach dem Verhalten des Pferdes: Es soll eine Weile ruhig stehen, bevor die Anforderung wieder einsetzt

Hat sich das Pferd in der Arbeitspause beruhigt, wird es anschließend umso fleißiger antreten, wie hier Donatello mit Christiane Müller im Sattel und dem Verfasser am Boden. Die Zügel stehen leicht an, das Pferd richtet sich in Selbstbehaltung auf. Sein Gesichtsausdruck verrät gleichwohl Anstrengung.

Umgang mit Widersetzlichkeiten

Jeder Ausbilder erlebt einmal Situationen, in welchen er das Verhalten des Pferdes als Widersetzlichkeit interpretiert. Als solche ist nicht einfach jedes unerwünschte Verhalten des Pferdes anzusehen: Widersetzlichkeiten im hier verwendeten Verständnis sind z.B. Bocken, Steigen, Durchgehen oder Rückwärtslaufen, Stehenbleiben trotz Aufforderung, Attacken oder Schlagen gegen den Ausbilder.

Wenn ein Pferd scheut, kann man nicht von Widersetzlichkeit sprechen, weil dieses Verhalten seine Ursache nicht in der Auseinandersetzung mit dem Ausbilder hat. Dieser wird versuchen, das Pferd durch Anschauenlassen und beruhigende Einwirkung von der Ungefährlichkeit der Außenreize zu überzeugen. Übrigens erleben die Pferde ihr Umfeld getrennt mit dem rechten und linken Auge, sodass man sich nicht wundern muss, wenn ein bereits akzeptiertes Objekt nach einem Handwechsel erneut zum Problem wird.

Der k.u.k. Oberbereiter Max Ritter von Weyrother führt in seinen bruchstückhaften Aufzeichnungen, die nach seinem Tod von Freunden 1838 veröffentlicht wurden, „alle Widersetzungen" auf wenige Ursachen zurück: „Furcht vor dem Menschen", „Unkenntnis dessen, was der Mensch von ihm verlangt", „Unvermögen, das zu leisten, was entweder zu viel, zu früh, oder auch wohl zu oft verlangt wird". Sinngemäß greifen die „Leitlinien Tierschutz im Pferdesport" des deutschen Landwirtschaftministeriums die Weyrother'schen Punkte auf. Dort heißt es:

„Der Mensch muss begreifen, dass das Pferd nur dann ‚Fehler' macht, wenn es die Hilfen nicht verstanden hat, es abgelenkt ist, das Verlangte zu häufig wiederholt wird (z. B. durch ständiges Üben derselben Lektion) oder das Pferd überfordert ist. Er muss auch wissen, dass solche ‚Fehler' und scheinbarer Ungehorsam auch aus körperlichen oder gesundheitlichen Mängeln oder aus früherer Überforderung entstehen können".

Über das Genannte hinaus kommt es auch vor, dass Pferde versuchen, ihrem Dominanzanspruch mit Widersetzlichkeit zur Geltung zu verhelfen.

Weyrothers zuerst genannte Ursache – die „Furcht vor dem Menschen" – ist sicher ausgeschaltet, wenn der Ausbilder „Respekt und Gefolgschaft" des anvertrauten Pferdes gewonnen hat. Vieles was Reiter als Widersetzlichkeit interpretieren, beruht schlicht darauf, dass das Pferd nicht erfasst hat, was von ihm erwartet wird. In diesem Fall wären Zurechtweisungen dem Ausbildungserfolg abträglich. Deshalb ist funktionierende Verständigung mit dem Pferd die wichtigste Vorbeugung gegen Ungehorsam (s. Teil 4).

Wenn dem Pferd Leistungen abverlangt werden, die nicht an seinen Ausbildungsstand oder seine Tagesform angepasst sind oder die ihm wegen seiner Veranlagung und seines Gebäudes schwer fallen, kommt es leicht zu Abwehrreaktionen. Z.B. auch zum Buckeln. Buckeln ist für den Reiter gefährlich, und wenn sich bei einem Pferd einmal die Erfahrung verfestigt hat, dass es dadurch die lästige Fracht im Rücken los wird, ist die Nutzbarkeit als Reitpferd eingeschränkt. Dem Pferd muss also bedeutet werden, dass dieses Verhalten unerwünscht ist. Bevor es aber zu massiven Zurechtweisungen kommt, muss nach Ursachen geforscht und dabei der Kontext beachtet werden, in dem das Verhalten auftritt. Denn nicht immer ist es Übermut und aufgestaute Energie, die sich in diesen Sprüngen entlädt. Sehr häufig ist Schmerz der Auslöser, sei es, dass der Trageapparat des Pferdekörpers nicht ausreichend für die Reiterlast ausgebildet ist wie bei jungen oder wenig trainierten Pferden, sei es wegen pathologischer Befunde (Wirbelschäden, „Kissing Spines", nicht passender Sattel usw.). Vor allem wenn das Pferd wiederholt „ohne Vorankündigung" buckelt, muss das abgeklärt werden. Auch kommt es vor, dass ein Pferd irgendeinen Umstand oder eine Aktion des Ausbilders mit einer traumatischen Situation aus seiner Vergangenheit assoziiert und sich deshalb ungewöhnlich verhält. Nicht selten verraten Pferde auf diese Weise, was mit ihnen früher geschehen ist.

Eine hoch kritische Situation ist eingetreten, wenn ein Pferd bei der Arbeit stehen bleibt und auf Hilfen nicht mehr reagiert, gewissermaßen „zu macht". Das Verhalten ist typisch für eine Konstellation, in der sich ein Pferd in die Enge getrieben sieht und ihm Ausweichen verwehrt ist. Wenn in diesem Moment Weiteres von ihm verlangt wird, baut sich in dem Tier die Spannung weiter auf, bis sie sich in einem explosionsartigen Angriff oder Flucht entlädt. Wenn sich ein Pferd so verschließt, sind grobe Fehler des Ausbilders vorausgegangen: das Pferd konnte die Anforderungen nicht verarbeiten und bewältigen, es wurde überfordert. Wenn es daher schon einmal so weit gekommen ist, dass das Pferd nicht mehr reagiert, ist jeder Einwirkungsversuch sofort zu unterlassen; es darf nichts mehr verlangt werden. Passiert das bei der Handarbeit, dann wendet sich der Ausbilder vom Pferd ab, lässt ihm Zeit, sich zu beruhigen, bis es Entspannung zeigt. Danach kann mit leichten, dem Pferd vertrauten Übungen Losgelassenheit wiederhergestellt und die Arbeit angeschlossen werden. Ist die Situation bei aufgesessenem Reiter eingetreten: Zügel hingeben, keine treibenden Hilfen mehr, Pferd beruhigen, bis es „abschnauft", ggf. sogar gleich absitzen und nach Beruhigung z.B. die Trainingseinheit mit Schritt am hingegebenen Zügel abschließen.

Weyrothers Hinweis enthält auch die Warnung davor, Leistungen „zu oft" zu verlangen. Unablässiges Üben bestimmter Anforderungen kann die Pferde „sauer" machen (sogar im physiologischen Sinn). Der Bereiter darf sich dann nicht wundern, wenn sich das Pferd wehrt. Und doch passiert es selbst einem routinierten Ausbilder, dass er im Arbeitseifer den geeigneten Schlusspunkt verpasst: Die schon erwähnte Stute „Diana" zeigte zur Freude des Reitmeisters von Neindorff Veranlagung für die Pesade/Levade (Abb. rechte Seite). Als sie dies zunächst an der Hand und ohne Reiter lernen sollte, hatte von Neindorff wohl einmal die Zeichen des Pferdes übersehen, dass sie für dieses Mal genug habe. Plötzlich drehte sich das Pferd aus einer Pesade heraus gegen den Ausbilder und griff ihn mit den Vorderhufen an. Er musste sich in Sicherheit bringen. In der Begeisterung über die Mitarbeit des Pferdes hatte er die Ansätze zu oft wiederholt. Seine dem Vorkommnis angemessene Reaktion: Er überging den selbst provozierten Angriff, ließ das Pferd an der Longe vorwärtsgehen und schloss die Arbeit, als sich das Pferd völlig entspannt hatte. – Mich erinnerte die Situation aber doch ein wenig an eine im Schnappschuss festgehaltene Episode, als ein Hund eine Stute auf einer Koppel ständig bedrängte, bis diese den Hund angriff, der mit allen Anzeichen von Überraschung Mühe hatte, sich in Sicherheit zu bringen (Abb. rechte Seite).

Dass Scheuen nicht zu den Widersetzlichkeiten zählt, wurde bereits erwähnt. Es gibt aber Übergangssituationen: Wenn ein Pferd z.B. immer wieder an derselben Stelle der Reitbahn wegdrängt – trotz der genannten Maßnahmen – oder sich dieses Verhalten just bei gesteigerten Anforderungen zurückmeldet, dann sieht es schon eher danach aus, dass das Pferd auf diese subtile Weise seinen Dominanzanspruch anmeldet. Der Reiter kann je nach seiner Einschätzung mit verschiedenen Mitteln reagieren: das Verhalten übergehen, das Pferd mit anderen Übungen ablenken, die Stelle über andere Hufschlagfiguren erreichen, energisch vorwärts reiten, verbalen Verweis erteilen – und er soll nach erfolgreichem Passieren der Stelle mit Lob nicht sparen. Derartige Aktionen können

Verhalten und Pferdeausbildung

Die Stute Diana hatte bei der Arbeit an der Hand einmal ihren Ausbilder angegriffen, als ihr die Ansätze zur Levade zu viel wurden. Hier zeigt sie die Erhebung vorbildlich mit Götz Nitzsche.

Diese Stute wurde auf ihrer Koppel durch einen Hund gestört. Sie wich den spielerischen Abgriffen etwa 20 Minuten lang geduldig aus. Dann wurde ihr das Spiel so lästig, dass sie plötzlich ihrerseits den Hund angriff. Ähnlich kann es dem Ausbilder ergehen, der die Anzeichen des Pferdes übersieht, die für eine Arbeitspause oder für die Beendigung von Anforderungen sprechen.

den Ausbilder viel Körperkraft und Geduld kosten.

Ein Beispiel für die geeignete Abwehr eines Dominanzanspruches beschreibt Klaus Zeeb, eindrücklich bebildert, in seinem Buch „Pferde, dressiert von Fredy Knie": Der Hengst Ghazi greift nach der Rückkehr von einem fremden Dresseur seinen alten Meister im Steigen an. Knie pariert diesen Angriff durch entschlossenes Ansprechen, lenkt den Hengst durch Übergang in eine andere Übung ab und stellt so ohne schädlichen Schlagabtausch seine Überlegenheit klar (Abb. 1-6 rechte Seite).

Kämpfe muss der Mensch verlieren, entweder weil er schwächer ist, oder weil sein Anliegen als Ausbilder auf der Strecke bleibt. Kritische Situationen wie die mit Ghazi lassen sich nur mit Intelligenz bewältigen.

Der Umgang mit Widersetzlichkeiten ist deshalb so schwierig, weil die Reaktion auf dem Fuß folgen muss, also keine Zeit zum Nachdenken darüber bleibt, was die Ursachen sind und welche Antwort angemessen ist; Zweifel kosten Zeit, Verzögerung mindert die Wirkung, aber falsches Reagieren wegen irrtümlicher Beurteilung steigert nur noch die Disharmonie.

Die meisten Widersetzlichkeiten – besonders wenn sie auf Überforderung zurückgehen – kündigt das Pferd an. Solche Zeichen können z.B. darin bestehen, dass sich zunehmend Spannung im Pferd aufbaut, dass die Ausführung einzelner Lektionen von einem bestimmten Zeitpunkt der Arbeitseinheit an schlechter statt besser wird, dass das Pferd matter statt frischer wird oder umgekehrt dass es sich zunehmend „aufheizt" usw. Der Ausbilder hat also die Chance, dem Pferd zuvorzukommen, indem er die Anforderung abmildert oder ändert und so das Pferd ablenkt oder umstimmt.

Als Möglichkeiten zur Situationsbewältigung bei Widersetzlichkeiten lassen sich – in Abhängigkeit von den Ursachen – zusammenfassen:
- dem Pferd zuvorkommen
- das Verhalten übergehen
- Anforderungen senken
- Arbeitspausen
- das Pferd ablenken
- verstärktes vorwärtsgehen lassen
- zurechtweisen mit den verfügbaren Kommunikationsmitteln (s. Teil 4).

Die Aktionen müssen prompt, kurz und sicher erfolgen, weil das Pferd innerhalb von Sekunden den Zusammenhang zwischen seinem Verhalten und der Reaktion des Ausbilders verliert.

Immer muss das Einlenken des Pferdes honoriert werden und der Abschluss der Unterrichtseinheit durch eine Anforderung erfolgen, die das Pferd beherrscht – hier ist auch ein Leckerbissen angebracht, damit das Pferd, nach einer Entspannungsphase, mit einem Erfolg in den Stall zurückkehrt.

Widersetzlichkeiten – besonders wenn sie sich häufen – sollen aber für den Ausbilder immer Anlass sein zum Nachdenken über Unstimmigkeiten im Ausbildungskonzept und in seinem eigenen Verhalten.

Verhalten und Pferdeausbildung

Der Araberhengst Ghazi, zurückgekehrt aus fremden Engagement, greift im Steigen seinen alten Meister Fredy Knie an (1). Knie reagiert, indem er das Pferd ablenkt: Er gibt die Hilfen zum Abliegen, eine Übung, die das Pferd kennt. Einen Augenblick lang zeigt es noch deutlich aggressiven Gesichtsausdruck, beugt aber bereits die Vorderextremitäten (2). Dann folgt das Abliegen (3, 4), wobei sich die Mimik des Pferdes deutlich verändert. Nachdem Knie das Pferd wieder aufstehen lässt (5), richtet es die Ohren wieder auf den Ausbilder (6). Die Aggression ist verschwunden, die Rangverhältnisse sind wieder klargestellt.

Pferde mit Vergangenheit

Unverständliche Reaktionen bis hin zu Widersetzlichkeiten erlebt der Ausbilder oft, wenn er Pferde übernimmt, die in ihrer Vergangenheit bestimmte Anforderungen in Verbindung mit Zurückweisung, Zwang oder Schmerzen erfahren haben.

Ein Pferd mit einer schwierigen Vergangenheit blieb häufig vor hohen Mauern oder Toren stehen, wenn ihm dadurch die Sicht auf Geräuschquellen verwehrt war. Wenn dann der Betreuer vorausging, folgte das Pferd am hängenden Strick bis an die kritische Stelle. Durch diese „Überzeugungsarbeit" besserte sich das Verhalten allmählich. Aber ausgerechnet während einer Dressurprüfung scheute das Pferd wieder. Der Grund waren Geräusche außerhalb des Hallentores. Die Reiterin saß ab, und das Pferd folgte ihr am durchhängenden Zügel in Richtung der vermeintlichen Gefahr. Sie gab die Prüfung auf, um nicht einen Rückschlag bei der Vergangenheitsbewältigung des Pferdes zu riskieren. Das Publikum verstand und applaudierte – verdient hätte sie auch ein Lob durch die Richter.

Alois Podhajsky berichtet in seinen Lebenserinnerungen von dem ungarischen Pferd „Teja", das neben Schwierigkeiten beim Aufzäumen und Beschlagen die Angewohnheit hatte, sich beim Anblick entgegenkommender Pferde unvermittelt umzudrehen. Dazu schreibt er: „Ich übersah diese Ungezogenheit, führte ihn in aller Ruhe in die alte Richtung und setzte meine Arbeit fort, als sei nicht geschehen." Selbst der legendäre Oberbereiter Polak wollte von ihm wissen, warum er das Pferd nicht ordentlich zurechtweise. Doch war Podhajsky intuitiv davon überzeugt, „mit Geduld rascher voranzukommen. Es dauerte so zwar Monate, ... dafür war der Erfolg dann bleibend". Erst später bekam er die Erklärung für das widersetzliche Verhalten des Pferdes: Das Pferd war als Reitpferd für einen General erprobt worden. Dabei wollte es beim Aufsitzen eines für ihn fremden Reiters nicht stehen bleiben und wurde zurückgestellt. In der Absicht, das Pferd besser verkaufen zu können, ließ der Besitzer in der Folgezeit die verschiedensten Leute auf- und absitzen, um das Stillstehen zu üben. Beim leisesten Versuch, sich zu bewegen, verprügelte er das Tier – mit den Folgen im Verhalten de Pferdes, die Podhajsky zu spüren bekam. (Podhajsky, 1960).

Je nach Intensität und Wiederholung derartiger Erlebnisse hält sich bei manchen Pferden die negative Assoziation lebenslang; sie gewinnen allenfalls auf Grund anhaltend geduldigen Umgangs wieder mehr Zutrauen, zunächst aber nur bei bestimmten Bezugspersonen. Durch die Zuverlässigkeit und Dauer positiver Erfahrungen können traumatische Prägungen mehr und mehr in den Hintergrund treten – auslöschen lassen sie sich nicht. Ein einzelner Fehler, der im Pferd traumatische Erfahrungen wiederaufruft, kann auch noch nach langer Zeit die Vertrauensarbeit zurückwerfen.

Bei einem traumatisierten Pferd ist es besonders wichtig, dass es über längere Zeit nur einer bestimmten Person anvertraut wird; an ihr kann das Pferd Verlässlichkeit erleben und allmählich Vertrauen fassen. Auch der Kreis der Betreuer im Umfeld soll auf wenige Personen beschränkt bleiben. Einsatz etwa im Unterricht unter verschiedenen Leuten wäre ungeeignet.

Sodann gilt es herauszufinden, worin das problematische Erleben des Pferdes bestanden hat. Erkundigungen im früheren Umfeld sind immer hilfreich. Aber die Pferde teilen auch selbst vieles mit, indem sie sich in bestimmten Situationen anders verhalten, als es der Ausbilder von unbelasteten Pferden kennt. Ein Beispiel: Der tschechische Wallach „Athos" zeigte Unruhe und Spannung, wenn eine Person mit der Peitsche in der Bahn stand und der Reiterin Anweisungen gab; also wird man diese Konstellation zunächst vermeiden und sie später mit einer vertrauten Bezugsperson wiedereinführen.

Am besten finden belastete Pferde ihre Motivation für die Arbeit zurück, wenn ein vertrauter Ausbilder Anforderungen an sie stellt, die sie aus ihrem früheren Umfeld nicht kennen, also beim Pferd auch keine Assoziationen auslösen. Das erlebte ich wiederholt bei Egon von Neindorff, in dessen Stall man häufig Pferde abgeladen hat, mit denen niemand mehr zurechtkam: Die Schwierigkeiten, mit denen man gerechnet hatte, zeigten sich beim Reiten, aber es überraschte immer wieder, wie eifrig solche Pferde bei der Sache waren, wenn man sie an der Hand arbeitete, etwa zum Seitwärtstreten lassen oder für Ansätze zu versammelnden Tritten, später auch für die Piaffe.

Pferden mit belastender Vergangenheit kann man also den Weg zur Motivation für die Arbeit erleichtern, wenn im Vorgehen drei Elemente beachtet werden: der **Aufbau des Verhältnisses zur Bezugsperson, das Herausfinden und vorläufige Meiden kritischer Situationen und der Zugang über Anforderungen, die dem Pferd bisher unbekannt sind und die es bewältigen kann.**

Teil 4
Elemente gegenseitiger Verständigung

Aus dem bisher Gesagten geht hervor, dass es für den Lernerfolg beim Pferd wichtig ist,
- dass der Ausbilder eine „überzeugende Figur" macht,
- durch positive Grundstimmung die Bereitschaft des Pferdes gefördert wird, und
- die Trainingseinheit sinnvoll aufgebaut ist und der Ausbilder strategisch vorgeht.

Grundvoraussetzung allen Lernens ist aber, dass das Pferd überhaupt mitbekommt, was der Ausbilder von ihm verlangt. *Er muss also über Möglichkeiten verfügen, dem Pferd etwas zu vermitteln, und umgekehrt die Zeichen des Pferdes erkennen und richtig deuten, die Aufschlüsse über dessen Befindlichkeit und Verhaltensbereitschaft geben. Diese Fähigkeit entscheidet im Übrigen wesentlich darüber, ob sich ein Pferd bei einem Menschen sicher fühlt und sich unter seine Führung begibt.*

Das Belohnungsprinzip

Die Kommunikation zwischen Ausbilder und Pferd besteht aus drei Phasen:
- „Mitteilung" des Ausbilders an das Pferd
- Reaktion des Pferdes
- Bestätigung/Nicht-Bestätigung durch den Ausbilder.

In der Sprache des Ethologen spielt sich die Kommunikation zwischen Reiter und Pferd – entsprechend dem Belohnungsprinzip – so ab (Tschanz, 2007):

„Die Mitteilung des Ausbilders an das Pferd besteht in seinem, auf die Erreichung eines Zieles ausgerichteten Verhaltens. Das Ziel ist, beim Pferd das dem Zweck dienliche Verhalten auszulösen. Gelingt dies, führt das beim Ausbilder zu erwünschtem Erleben und bewirkt eine Veränderung in seinem Verhalten (z.B. Entspannung, Nachgeben usw.). Führt dieses neue Verhalten beim Pferd zu erwünschtem Erleben, kann die weitere Kommunikation auf der Grundlage wechselseitiger Befriedigung des Bedürfnisses nach erwünschtem Erleben erfolgen. Diese wechselseitige Bedürfnisbefriedigung ist die biologische Grundlage jeder Kommunikation."

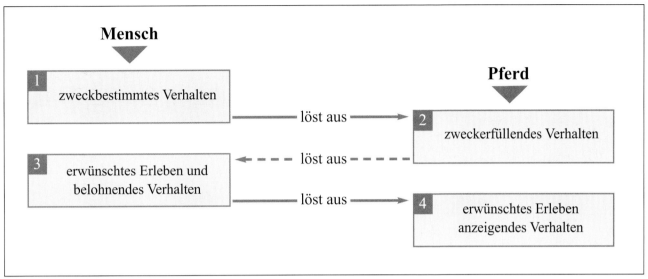

Schema der Kommunikation nach Tschanz (2007)

Die letztere Phase der „Bestätigung" (3) ist der Schlüssel jeder Verständigung, sowohl für den vom Boden aus Arbeitenden als auch für den Reiter. Sie erfolgt nach einem einfachen Prinzip, es sei hier als das **Belohnungsprinzip** bezeichnet. Es besteht darin, **dass der Mensch jedes von ihm angestrebte Verhalten des Pferdes, jeden Lernerfolg oder Gehorsam durch etwas quittiert, was das Pferd als angenehm wahrnimmt** (je prompter die Reaktion, desto wirksamer die Mitteilung an das Pferd). Nicht erwünschtes Verhalten des Pferdes wird übergangen.

„Belohnung" heißt dabei nicht einfach **„Leckerbissen"**. Diese sind ein vergleichsweise grobes Belohnungsmittel, geeignet für die Situationen, in welchen differenziertere Möglichkeiten beim Pferd nicht ausreichend ankommen. Leckerbissen während der Arbeit haben den Nachteil, dass sich die Pferde gerne auf den Happen konzentrieren anstatt auf die Arbeit und diese Belohnung gerade dann ausbleibt, wenn das Pferd das von ihm Verlangte beherrscht.

Das Belohnungsprinzip arbeitet mit allem, was dem Pferd **„erwünschtes Erleben"** beschert. Beispiele:
- Nachlassen von Druck
- Nachlassen von Körperspannung (beim Reiten)
- entspannte Körperhaltung und Gesten (vom Boden aus)
- lobendes Stimmsignal
- für das Pferd angenehme Körperkontakte
- Gurt lockern
- sofortige Beendigung der Arbeit bei besonders gelungener Leistung

Eine Anmerkung noch zu den Berührungen: Üblich ist es, die Pferde am Hals abzuklopfen, um sie zu loben. Die Pferde müssen aber erst lernen, was das bedeutet. Wenn man sie stattdessen am Oberhals krault, verstehen sie dies schnell: Bei der sozialen Hautpflege beknabbern sich die Pferde gegenseitig bevorzugt an dieser Zone. Auch außerhalb der Arbeit nehmen Pferde das Reiben an Stellen, die sie bei der sozialen Haut-

Wie „Kitty" reagieren die meisten Pferde auf Kraulen an den Stellen, die bei der sozialen Hautpflege bevorzugt werden, ihrerseits mit Putzgesicht oder Beknabbern eines vertrauten Menschen. Halskraulen vom Sattel aus lässt sich als Lob oder zur Beruhigung einsetzen.

pflege bearbeiten, als freundliche Geste an (allerdings nicht durch jedermann) und knabbern zurück (Abb. oben) oder zeigen das „Putzgesicht". An frei lebenden Pferden wurde ein Herabsetzen der Pulsfrequenz, also eine beruhigende Wirkung, bei diesen Interaktionen nachgewiesen (C. Feh, zit. Kolter, 1999). In durch äußere Einflüsse angespannten Situationen können sogar Pferde, die sich sonst aus dem Wege gehen, gegenseitige Hautpflege betreiben (L. Kolter, 1999).

Das Belohnungsprinzip ist nicht nur anzuwenden, wenn das Pferd etwas Neues lernen soll; da fallen die Signale nur etwas deutlicher aus. Unter dem Sattel spielt das Belohnungsprinzip eine große, ja die zentrale Rolle hinsichtlich der Abstimmung zwischen treibenden Hilfen und der Einwirkung der Reiterhand. Bei der unablässig sekundenschnellen Abfolge von treibender Hilfe, leichtem Handdruck und minimalem Nachgeben – von Neindorff rief den Reitern immer zu: „Treiben,

Aufnehmen, leichter Werden" – ist das „leichter Werden" die Belohnung für das Akzeptieren der treibenden Hilfen und das Nachgeben im Genick. Dieses kaum sichtbare weicher Werden der Reiterhand muss in der Regel auch dann erfolgen, wenn der Erfolg noch nicht eingetreten ist, um dem Pferd den Anlass zu Gegendruck zu nehmen. Häufig geben die Pferde erst daraufhin nach. Gewiss gibt es Situationen, in welchen der Reiter einmal „durchhalten" muss, so als wäre das Pferd ausgebunden. Doch der Lerneffekt tritt auch hier erst ein, wenn das Pferd erfährt, dass sein eigenes Nachgeben eine weichere Reiterhand zur Folge hat.

Auch das „Freigeben der Hilfen" entspricht dem Belohnungsprinzip: Kommt das Pferd auf die Hilfe hin in den gewünschten Zustand, wird die Hilfe so lange nicht mehr gegeben (= Nachlassen von Druck) bis sich ankündigt, dass man „nachlegen" muss. Ein Fortsetzen der Hilfe, solange das Pferd wunschgemäß reagiert, ist der Wirksamkeit abträglich und führt zur Abstumpfung.

Die Beherrschung dieser in kürzesten Zeiträumen koordinierten Abfolgen ist der Schlüssel für die Minimierung aller Hilfengebung und damit für den Grad der Einwirkung des Reiters. Es ist die wohl höchste Anforderung, an der ein Reiter zeitlebens arbeitet. Wie schwierig es ist, die Einwirkung der Reiterhand an Stelle einer Störung zu einem Informationsmittel und einer Hilfe für die Gymnastizierung des Pferdes werden zu lassen, wird an einer Anekdote deutlich, deren Fundstelle ich nicht mehr ausfindig machen konnte: Ein Potentat aus früherer Zeit bringt seinen Sohn zu einem berühmten Reitmeister, sagt ihm, der Prinz sei schon ein guter Reiter, nur möge er ihm noch beibringen, wie er die Einwirkung der Hände mit jener durch den übrigen Körper abzustimmen habe. Darauf der Meister: „Majestät, es ist die Reitkunst in Gänze".

Das Belohnungsprinzip arbeitet also bis in den Mikrobereich hinein mit positiver Reaktion auf erwünschtes Verhalten und Übergehen, wenn dieses ausbleibt. Nichterfüllung oder Misslingen darf der Ausbilder nicht gleich als Widersetzlichkeit einstufen; vielmehr übergeht er das, gegebenenfalls verstärkt er die Hilfengebung, um diese gleich wieder „herunterzufahren", wenn das Pferd verstanden hat.

KOMMUNIKATIONSMITTEL

Die Kommunikation mit dem Pferd beginnt mit einer Einwirkung des Reiters auf das Pferd, in der Reitersprache „Hilfe" genannt. Die Hilfen des Reiters im Sattel sind in den Standardwerken der klassischen Ausbildungslehre beschrieben (z.B. „Richtlinien für Reiten und Fahren" der Deutschen Reiterlichen Vereinigung). Die Einwirkung über Sitz, Schenkeldruck, Gewichtsverlagerung und über die Zügelverbindung zum Pferdemaul hat – bei richtiger Anwendung – einen sinnvollen Bezug zur funktionellen Anatomie des Pferdes, und sie folgt den physikalischen Gesetzen der Dynamik. Zugleich aber wirken diese Hilfen auch als Signale. Das Pferd lernt z.B., dass es auf Druck des inneren Schenkels und inneren Gesäßknochens angaloppieren soll.

Im Vergleich zu den Reiterhilfen wird den Verständigungsmitteln bei der Arbeit vom Boden aus in der Literatur und Unterrichtspraxis weit weniger Beachtung geschenkt. So ist der

Einfluss von Körpersprache und Gestik z.B. in den „Richtlinien" (Band 6, Longieren) überhaupt nicht thematisiert. Die Zurückhaltung mag daher rühren, dass in früheren Jahrzehnten alles verpönt war, was nach „Abrichten" aussah. Doch wirkt der Ausbilder bei aller Arbeit vom Boden aus mit seinen Gesten, Körperhaltungen und Bewegungen auf das Pferd, auch wenn ihm das nicht bewusst ist. Denn die Pferde können die Körpersprache der Menschen recht gut lesen. Das mag daran liegen, dass das menschliche Ausdrucksverhalten den Grundmustern ähnlich ist, die im Tierreich z.B. Dominanzanspruch ausdrücken oder einem Aggressor durch Demutverhalten die kampfauslösenden Signale entziehen.

Es ist deshalb gar nicht notwendig, sich Zeichen auszudenken, auf die das Pferd konditioniert wird. Wenn man aber z.B. einmal darauf achtet, welches die eigenen Bewegungen und Äußerungen waren, als das Pferd aus dem Schritt an der Longe angaloppierte, dann kommt man rasch darauf, dass „Körpersprache" sich gezielt als Verständigungsmittel einsetzen lässt.

So geht es also darum, sich durchaus natürlich zu verhalten, aber die eigenen Äußerungen bewusst, einheitlich und gleichgerichtet zu benutzen. Das betrifft Haltung, Spannung und Bewegung des Körpers, Gesten, Kontakte z.B. mit den Händen oder über die Ausrüstung (Longe, Peitsche), Blickkontakte sowie den Einsatz der Stimme. Das Pferd nimmt die Mitteilungen des am Boden stehenden Menschen über die Sinne Sehen, Hören und Fühlen auf (Tabelle 4).

Untereinander verständigen sich die Pferde vorwiegend über Körpersprache. So nehmen sie auch die entsprechenden „Aussagen" des Menschen mit besonderer Sensibilität auf. Vor allem Körperhaltung und Körperspannung sprechen dabei zum Pferd. Wenn beispielsweise ein Pferd an der Longe durchgeht und der Longierende sich beim Festhalten der Leine zusehends mehr verkrampft, dann wird das Pferd dadurch zusätzlich angetrieben. Allein schon durch Entspannung des Körpers und Lockern der Schulter lassen sich die Pferde oft etwas beruhigen und fallen in den Trab. In der normalen Arbeitssituation genügt zumeist dieses Relaxen, damit ein Pferd an der Longe die nächstniedere Gangart annimmt oder zum Stehen kommt. Umgekehrt ist die treibende Hilfe mit Straffung der Körperhaltung zu verbinden. Menschen, die grundsätzlich schlaff daherkommen, werden von den wenigsten Pferden ernst genommen.

Die Wirkung des am Boden befindlichen Ausbilders auf das Pferd steht in einem Verhältnis zur Entfernung zwischen beiden (Abb. Seite 54). Das gilt nicht nur für treibende Anweisungen, sondern auch für verhaltende. Wenn sich z.B. ein Pferd an der Longe nicht durch beruhigende Signale vom Trab zum Schritt bringen lässt, gehe ich mit Verkürzung der Longe auf das Pferd zu, das auf dem gewählten Kreis bleibt; sobald es wunschgemäß reagiert hat, gehe ich in die ursprüngliche Position zurück.

Dass eine Stellung mehr hinter dem Pferd die treibende Einwirkung verstärkt, dürfte einleuchten. Wenn nun der Longierende selbst in einem Kreis geht, hat er nicht nur eine kürzere Entfernung zum Pferd, sondern ist der Hinterhand des Pferdes näher als der Vorhand: die Longe zeigt beim Gehen auf dem Kreis nicht mehr zum Mittelpunkt des Zirkels, sondern ist Tangente des Kreises, auf dem sich der Leinenführer bewegt (Abb. Seite 54). Der soll sich aber – im Sinne der Reduktion von Hilfen – baldmöglichst wieder in die Stellung nahe der Zirkelmitte zurückbegeben.

Bei der Arbeit an der Hand, z.B. für versammelnde Tritte oder um das Pferd zur Piaffe aufzufordern, kommt es häufig vor, dass das Pferd weiterdrängt, um sich der Anstrengung zu entziehen. Vorübergehende Aufstellung vor dem Pferd in straffer Haltung während der Ansätze bedeutet dem Pferd, dass es sich ohne Raumgewinn bewegen soll. Wenn es aber

Tabelle 4: Komponenten der Einwirkung auf das Pferd vom Boden aus

Sinneswahrnehmung durch das Pferd	Art des Reizes	Ausführung	Wirkung auf das Pferd
Sehen	Körperhaltung/Körperspannung	aufrecht/straff	beeindruckend
		gebeugt, entspannt	beruhigend
		schlaff	wenig Einwirkung
	Entfernung zum Pferd Position	nah – weiter entfernt	Einwirkung stärker – schwächer
		Nähe Hinterhand/hinter Pferd	treibend
		frontal vor Pferd	verhaltend, abweisend
	Körperwinkel zum Pferd	in Bewegungsrichtung	treibend
		entgegen Bewegungsrichtung	verhaltend
		Rücken zum Pferd gewandt	Einwirkung beenden
	Bewegung	schnelle Bewegung	treibend
		langsame Bewegung	beruhigend
	Armstellung/Armbewegung	Arme ausbreiten, heben	nach Entfernung und Stellung zum Pferd
		Arme senken	beruhigend
	Bewegung mit Hilfsmitteln (Longe, Strick, Peitsche)	Peitsche heben, senken, richten, Longe schlängeln	Verstärkung der Körpersprache
Hören	Stimmeinsatz des Trainers	hohe kurze Laute	beeindruckend, treibend, abweisend
		langgezogene tiefe Laute	beruhigend, verhaltend
		ansteigende Lauthöhen	treibend
		absteigende Lauthöhen	beruhigend
		Lautstärke	nach Beziehung Trainer/Pferd
		Worte	nach Tonfall und Konditionierung
Fühlen	Körperkontakt	Auflegen der Hand, Reiben an geeigneten Stellen (Stirn, Widerrist)	beruhigend
	Taktile Reize mit Ausrüstungsgegenständen	Anlegen der Gerte	beruhigend
		Touchieren mit Peitschenschnur/Gerte an Hinterhand	treibend
		Touchieren mit Peitschenschnur an Schulter	abweisend
		Anzug von Longe/Führzügel	verhaltend

Größere Nähe und die Position hinter dem Pferd verstärken den Einfluss auf das Tier. Abbildungen in älteren Quellen zeigen daher zwei Personen bei der Arbeit an der Longe: Leinenführer und Peitschenführer (aus Kästner, 1892).

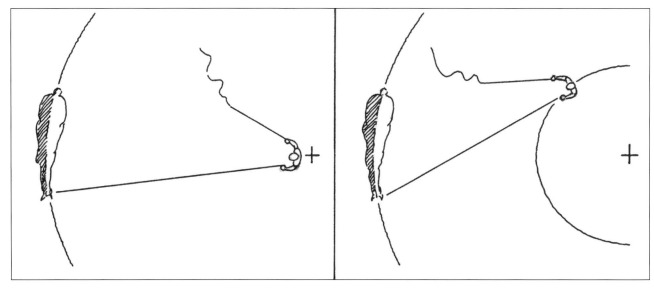

Beim Longieren durch nur eine Person kann der Leinenführer vorübergehend selbst auf einem Kreis gehen (rechte Seite der Abbildung). Dabei bildet die Longe eine Tangente zu diesem Kreis, wodurch der Leinenführer nicht nur in größere Nähe zum Pferd kommt, sondern ähnlich wie der Peitschenführer aus Abb.36 mehr hinter dem Pferd geht. Das verbessert die Möglichkeiten vorwärtstreibender Einwirkung.

dieses Signal nicht annimmt und versucht, durch den Ausbilder hindurchzugehen, obwohl es mit dieser Arbeit vertraut ist und sie bewältigen kann, dann gilt es, diesen Dominanzanspruch abzuweisen. Er wendet sich in frontaler Stellung gegen das Pferd und lässt es unter Anwendung auch der übrigen abweisenden Hilfen etliche Tritte zurücktreten. Wie beim Verhalten der Pferde untereinander, wo der Unterlegene zurückweichen muss.

Wendet der Ausbilder dem Pferd den Rücken zu, dann bewertet das Pferd dies als Zeichen für „Anforderung beendet". Das passt zu einer Beobachtung von Tschanz (schriftliche Mitteilung) an frei lebenden Camargue-Pferden: Bei sich annähernden Fohlen wirkte dieses Abwenden im Sinne „kein Interesse an Kontakt", worauf weitere Annäherung und erkundende Kontaktaufnahme unterblieben.

Gesten durch Armstellung und Armbewegung ergänzen die Körpersprache. Das Ausstrecken des Arms in Gehrichtung bedeutet z.B., dass das Pferd im Schritt angehen oder antraben soll; dies wird schnell begriffen – es ist mit dem „sich größer Machen" zu vergleichen, das Tiere z.B. mit Querstellen oder Haare Aufstellen erreichen; ebenso lässt sich den Pferden das Arm Senken, verbunden mit weiteren Entspannungssignalen, als Anweisung dafür vermitteln, von einer höheren Gangart in eine niedere überzugehen oder anzuhalten. (Abb. nächste Seite)

Von Einfluss ist auch, ob Körperbewegungen fließend sind oder abrupt. Z. B. akzeptieren es die Pferde schnell als Hilfe zum Angaloppieren, wenn der Bereiter kurz den Arm hebt und sich dabei strafft (Abb. Seite 56 Mitte). Er hat das Pferd zuvor aufmerksam gemacht, denn er darf es mit seiner Zeichengebung nicht „überfallen". Schnelle Bewegungen wirken treibend oder abweisend, je nach Stellung zum Pferd.

Manche Autoren behaupten, dem Ausdruck von Augen und Mimik des am Boden Stehenden käme ein hoher Mitteilungswert an das Pferd zu. Dazu ist allerdings anzumerken, dass mit „Blicken" stets auch bestimmte Körperhaltungen und spannungen verbunden sind, denen der wesentliche Mitteilungswert zukommen dürfte.

Der Einsatz der Stimme ist eine hilfreiche Ergänzung sowohl bei der Arbeit vom Boden aus als auch unter dem Sattel. Zwischen beiden kann die Stimme auch als Brücke dienen, wenn das Pferd das bei der Hand- und Longenarbeit Vermittelte auch unter dem Sattel zeigen soll: dort entfallen die optischen Signale, aber das Pferd wird durch gleichartigen Stimmeinsatz erinnert, und der Ausbilder hat es dadurch leichter, das Pferd auf die Reiterhilfen zu konditionieren.

Hohe kurze Laute sind wirksam zur Unterstützung treibender Hilfen, aber auch um ein Pferd abzuweisen – z.B. wenn es in den Zirkel hereinläuft – und auch bei Zurechtweisungen. Langgezogene, tiefe und absteigende Laute beruhigen und unterstützen verhaltende Hilfen. Die Verwendung von Worten wirkt im wesentlichen über den Tonfall.

Stimmeinsatz ist in Prüfungen nicht geduldet. Allerdings hören die Pferde so gut, dass am Richtertisch kaum festzustellen ist, ob akustische Information beteiligt ist.

Pferde reagieren auch auf geringste Lautstärke, wenn sie sich angesprochen fühlen. Die Wirkung unterschiedlicher Lautstärken hängt von der Beziehung zum Pferd ab: Wenn eine vom Pferd respektierte Person leise zu sprechen pflegt, reagiert das Pferd dennoch auf Stimmsignale. Wenn dieser Mensch dann doch einmal die Stimme erhebt, z.B. für eine Zurechtweisung, dann wirkt das um so mehr. Menschen hingegen, die grundsätzliche Lautsprecher sind, machen deshalb auf die Pferde noch keinen besonderen Eindruck. Hier ergibt sich eine verstärkende Wirkung aus der Qualität der Beziehung zum Pferd und aus der Anwendung des Minimierungsprinzips. Nicht umsonst spricht man vom Pferde**flüsterer.**

Verhalten und Pferdeausbildung

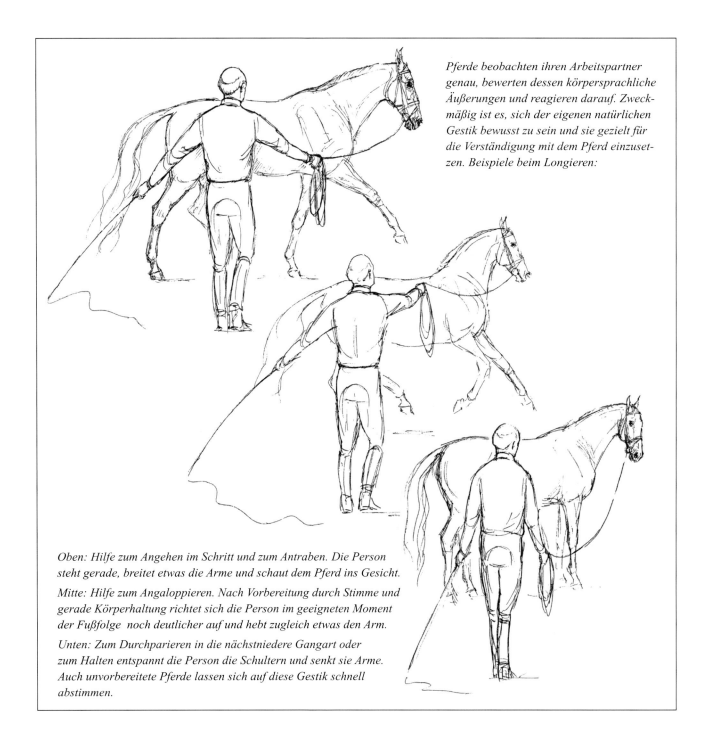

Pferde beobachten ihren Arbeitspartner genau, bewerten dessen körpersprachliche Äußerungen und reagieren darauf. Zweckmäßig ist es, sich der eigenen natürlichen Gestik bewusst zu sein und sie gezielt für die Verständigung mit dem Pferd einzusetzen. Beispiele beim Longieren:

Oben: Hilfe zum Angehen im Schritt und zum Antraben. Die Person steht gerade, breitet etwas die Arme und schaut dem Pferd ins Gesicht.

Mitte: Hilfe zum Angaloppieren. Nach Vorbereitung durch Stimme und gerade Körperhaltung richtet sich die Person im geeigneten Moment der Fußfolge noch deutlicher auf und hebt zugleich etwas den Arm.

Unten: Zum Durchparieren in die nächstniedere Gangart oder zum Halten entspannt die Person die Schultern und senkt sie Arme. Auch unvorbereitete Pferde lassen sich auf diese Gestik schnell abstimmen.

Körperkontakt bei der Arbeit vom Boden aus – etwa durch Anlehnen an das stehende Pferd oder mit den Händen durch Anlegen oder Reiben in Widerristnähe, Tätscheln auf der Kruppe, Überstreichen der Stirn oder der Nasenflügel usw. – beruhigt das Pferd, vermittelt ihm Sicherheit und lässt sich somit auch als „Belohnung" einsetzen – allerdings nur, wenn die Beziehung zwischen den Beteiligten so ist, dass das Pferd der betreffenden Person derartige Intimitäten gestattet.

Freundlicher Körperkontakt steht auch am Beginn jeder Arbeit an der Hand: Man streicht z.B. mit der Gerte über Rücken und Kruppe bis zum Röhrbein hinunter und entwickelt daraus die Touchierhilfe.

Hilfengebung über die Ausrüstungsteile Longe, Peitsche oder Gerte lässt sich nur sinnvoll einsetzen, wenn das Pferd diese Gegenstände gewissermaßen als Verlängerung der Arme erlebt. Zeigen Pferde Meidereaktionen, wenn solch ein Gegenstand auch nur in ihre Nähe kommt, sind Anwendungsfehler vorausgegangen. Vertrautheit mit den Arbeitsmitteln kommt zum Ausdruck, wenn das lobende Tätscheln auf der Kruppe oder Reiben am Hals mit der Gerte keine andere Reaktion auslöst als mit der Hand.

Der Ausbilder muss Hilfen **gleichartig** seiner jeweiligen Anforderung zuordnen – also nicht etwa zum Angaloppieren an der Longe mal diese mal jene Hilfe geben. Die Komponenten der Hilfengebung (vom Boden aus) – also Körperhaltung und spannung, Gesten, Stimme, Kontakte – sind außerdem **gleichgerichtet** und **gleichzeitig** anzuwenden. Signale mit entgegengesetzter Wirkung heben sich auf. Beispiel: Das Pferd wird durch hohe kurze Stimmhilfe zum Angaloppieren aufgefordert, der Ausbilder lässt aber gleichzeitig die Arme sinken – die Wirkung bleibt aus. Allerdings ist es möglich, Pferde dazu zu bringen, dass sie auf ein Signal allein reagieren, z.B. Galopp nur auf Stimme oder nur auf Körpersignal. Die anderen Kanäle bleiben solange „stumm". Peitsche und Longe, beim Reiten Zügel und Gerte dürfen aber niemals als einzige Hilfen benutzt werden, sondern nur in Verbindung mit den anderen Verständigungsmitteln.

Wenn die Hilfe in einem bestimmten Moment der Fußfolge wirken soll, – z.B. damit das Pferd auf dem richtigen Fuß angaloppiert – muss sie **zeitlich präzise** unter Berücksichtigung der Reaktionszeit des Pferdes einsetzen.

Aus Gleichartigkeit, Gleichrichtung, Gleichzeitigkeit und Präzision ergibt sich für das Pferd die Möglichkeit **eindeutiger Zuordnung.** Die Hilfengebung ist gut vergleichbar mit der Arbeit eines Orchesterdirigenten. Der Dirigent Sergiu Celibidache war bei den Orchestern besonders beliebt, weil seine Gestik und Körpersprache derart verständlich waren, dass er selbst mit fremden Ensembles schnell zu einer intensiven Verbindung kam.

Zweckmäßig ist es, die Intensität der Hilfen so weit zu verringern, wie das Pferd noch wunschgemäß reagiert. Dieses **Minimierungsprinzip** gilt für die Arbeit im Sattel und vom Boden aus gleichermaßen. Dadurch steigert der Ausbilder seine Möglichkeiten, die Einwirkung auf das Pferd nach Bedarf zu verstärken. Die Pferde konzentrieren sich vermehrt. Davon abgesehen ist es auch ein schöner Anblick, wenn die Pferde so fein abgestimmt reagieren.

Bei konsequenter Verständigungsarbeit reagieren die Pferde auf geringste Zeichen. Der Vater von Richard Hinrichs, ein in der alten Wiener Schule versierter Ausbilder, behauptete einmal, sein Pferd an der Longe mit dem Daumen in der Hosentasche angaloppieren zu können. Das ist absolut glaubhaft – aber es dürfte weniger der Daumen gewesen sein, als die unmerkliche Veränderung der Körperhaltung, die das Pferd registriert hat. Genau wie beim „Klugen Hans", dem Pferd, das angeblich rechnen konnte, in Wirklichkeit aber auf winzige Zeichen seines Besitzers reagierte.

Richtet das Pferd seine Aufmerksamkeit derart auf seinen Ausbilder, dann kann sich dieser keine Unkonzentriertheit ohne Folgen leisten. Bückt er sich z.B. nach der entglittenen Peitsche, ist das Pferd irritiert, und die Verständigung ist unterbrochen. Passiert gleiches Missgeschick einem Tierlehrer bei der Freiheitsdressur mit mehreren Pferden, dann muss er ohne Stock weiterdirigieren, bis ein Helfer ihm den Stock reicht. Hebt er ihn selbst auf, ist damit die Nummer „geschmissen".

Das Ausmaß an Konzentration, das die Pferde dem Menschen gegenüber aufbringen, kann so weit gehen, dass es einem Reiter oder einem mit dem Pferd am Boden Arbeitenden so vorkommt, als müsse er „nur denken" – weil bereits der geringste Niederschlag im Verhalten, den eine Absicht auslöst, vom Pferd bemerkt wird. Derartige Feinabstimmung ist Traumziel jedes Ausbilders – mit übersinnlicher Gedankenübertragung hat dies jedoch nichts zu tun.

„Gelernt ist gelernt"

Wer einmal die Fernsehsendung „Stars in der Manege" angeschaut hat, mag sich darüber gewundert haben, wie es einem Laien gelingen kann, eine Tierdressur vorzuführen. Sind es also doch mehr die Zeichen selbst, und muss das zu den Ausbildereigenschaften Gesagte relativiert werden?

Im Laufe eines langen Ausbildungsprozesses beginnen sich die Lernerfahrungen bei den Tieren zu verfestigen. Das Abrufen gelernter Anforderungen wird im Erleben des Tieres zunehmend Normalität und damit Bestandteil von „Sicherheit". Es kann schließlich dazu kommen, dass ein Pferd erwartet, die bekannten Signale zu empfangen, um sich gemäß dem Gelernten zu verhalten – unabhängig davon, wie es die Person einordnet. Hat das Pferd diesen Zustand fest verankerter Lernerfahrung erreicht, dann zeigen die Signale die erwünschte Wirkung, selbst wenn sie von einer unerfahrenen oder unsicheren Person ausgehen. Hier ist der Nachdruck entbehrlich, der vom sicheren Auftreten des routinierten Ausbilders ausgeht.

Das gleiche Phänomen lässt sich beim Reiten feststellen. Für einen Reitschüler gehört es zu den schönsten Erfahrungen, ein altes, hoch ausgebildetes Dressurpferd reiten zu dürfen, das die Lektionen ausführt, wenn er die Hilfen richtig gibt und eher nicht reagiert, wenn er Fehler macht. Auf diese Weise wird das Pferd zum Lehrer. Guter Reitunterricht setzt überhaupt voraus, dass die Lehrpferde über gefestigte Lernerfahrung verfügen. Allerdings bliebe der Ausbildungsstand der Pferde unter den Laien und Reitschülern nicht auf Dauer erhalten. Unterrichtspferde lassen in ihren Lehrerqualitäten nach, wenn sie nicht nachgeritten werden, und der Turniererfolg so mancher Reiter bliebe aus, wenn nicht ein fähiger Ausbilder im Hintergrund stünde.

Wie eine gefestigte Lernerfahrung das Verhalten eines Pferdes verändern kann, hat mir die bereits erwähnte „Kitty" gezeigt: Als ich sie zum ersten Mal vor Publikum am langen Zügel vorstellen wollte, kam sie mit dem Kopf gerade durch die Reitbahntür. Beim ungewohnten Anblick von Zuschauern erhob sie sich zu einer Pesade, drehte sich stehend um 180 Grad und war wieder draußen. Aber Jahre später trabte sie bei Vorstellungen so entschlossen durch die Tür, dass ich einmal auf der Schwelle stolperte und zum Amusement der Zuschauer beinahe auf die Nase fiel.

An dieser Stelle sei noch einmal an Hans Günther Winklers Halla erinnert. Im Verhalten dieses Pferdes hat sich der Zusammenhang zwischen Angehen und Überspringen eines Hindernisses so verankert, dass es für das Tier zur Normalität wurde. Dass aber die Leistungsbereitschaft des Pferdes, einen ganzen schweren Parcours zu springen, selbst unter der eingeschränkten Einwirkung seines verletzten Reiters erhalten blieb, wäre wohl undenkbar gewesen ohne das enge Verhältnis von Halla zu Winkler, ohne dessen Talent, das Pferd zu motivieren, und ohne seine Fähigkeit, dem Pferd stets Freiheit in der Bewegung zu lassen, und dennoch die leichte Verbindung zum Pferdemaul aufrecht zu erhalten, wie es der Sprung auf Abb. Seite 5 aus dem ersten Umlauf zeigt. Ungeachtet dessen bleibt Hallas einmalige Leistung für mich das schönste Beispiel dafür, dass wir vieles von dem, was uns die Pferde geben, gar nicht erklären möchten.

Befindlichkeit des Pferdes einschätzen

Dass Pferde auf Befindlichkeiten einer engen Bezugsperson reagieren, ist schon an Beispielen angeklungen. Den Tieren entgehen die feinen Verhaltensunterschiede nicht, die mit Änderungen der Gefühlslage ihres menschlichen Partners verbunden sind. Sollte nicht Gleiches in umgekehrter Richtung möglich sein?

Den Ausbilder interessiert es, wie das Pferd „drauf ist". Dessen Befinden gibt ihm Hinweise darauf, was das Pferd bewältigen kann, und es hilft ihm, in jedem Moment der Arbeit das Verhalten des Pferdes vorauszuahnen.

Befindlichkeit feststellen kann man nur an sich selbst. Als Außenstehender ist man darauf angewiesen, das zu bewerten, was das Aussehen und Verhalten des Gegenübers im Kontext mit der gegebenen Situation mitteilt. Die Bewertung bleibt also eine Einschätzung, die auch die Möglichkeit einschließt, dass man sich irrt.

Bei der Wahrnehmung der Befindlichkeit des Pferdes und dem damit verbundenen spontanen Handeln des Ausbilders wirken mehrere Elemente zusammen:

- das Erfahrungswissen darüber, was „normales" Verhalten von Pferden ist, mit seinen rasse-, geschlechts- und altersspezifischen Merkmalen,
- das intime Kennen des einzelnen Tieres; denn die Unterschiedlichkeit, mit der Pferde Nuancen ihres Befindens preisgeben, ist kaum geringer als beim Menschen (mancheiner, der Außenstehenden einen missgelaunten Eindruck macht, befindet sich in bester Laune),
- die ganzheitliche Sinneswahrnehmung in der akuten Situation,
- die unbewusste Verarbeitung dieser komplexen Wahrnehmung mit den Erfahrungen und der Einzeltierkenntnis zu einer Beurteilung,
- die Konsequenz daraus für das Handeln gegenüber dem Pferd.

Dieser Weg des Erfassens, Urteilens und Handelns beruht also zum großen Teil auf Intuition, weniger auf Analyse. Das Pferd gibt aber durchaus deutliche Zeichen von sich, die an-

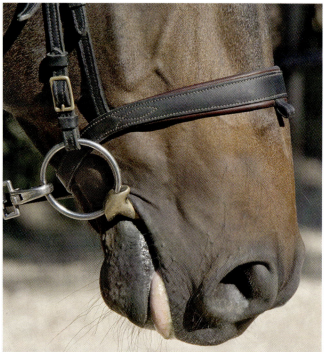 

„Kauen und Lecken" zeigen die Pferde jeweils, nachdem eine Aktion bewältigt wurde und abgeschlossen ist. Dieses Verhalten gehört – in Verbindung mit anderen Äußerungen des Pferdes – zu den Zeichen, aus denen ein Ausbilder auf die Befindlichkeit des Tieres schließt. Ein Zusammenhang besteht auch mit der erwünschten Kautätigkeit während des Gerittenseins, die ausbleibt, wenn die Reiterhand zu hart ist, das Pferd knirscht oder andere Zeichen annehmen lassen, dass das Pferd unter Anspannung steht.

zeigen, ob es gerade „Erwünschtes" oder „Unerwünschtes" erlebt, und ob es sich sicher oder unsicher fühlt. Wissenschaftler haben festgestellt, dass sich diese übergeordneten Kategorien von Befindlichkeit am zuverlässigsten einschätzen lassen, insbesondere wenn der Bezug zur jeweiligen Situation Berücksichtigung findet (Tschanz et al., 1997, Tschanz, 2007). Demjenigen, der mit Pferden umgeht und sie ausbildet, genügen diese Kategorien nicht; er arbeitet mit einer größeren Differenzierung von Befindlichkeiten (s. auch Tabelle 4).

Eines der Zeichen des Pferdes ist z.B. das „Kauen und Lecken" (Abb. oben). Ich selbst habe dieses Verhaltensdetail Jahrzehnte lang nicht beachtet, bis es die Tierärztin Marion Wickert (2004) zum Gegenstand ihrer Dissertation machte. Einige Kaubewegungen in Verbindung mit Ablecken der Lippen zeigen Pferde z.B. nach dem Durchparieren zum Schritt oder Halten, aber auch nach dem Wälzen oder Aufstehen. Wickert ordnet diese Verhaltensweise dem Übergang von Anspannung zu Entspannung zu und wertet sie als Zeichen für das „Unbelastetsein für das nächste Ziel". Eine weitere Fest-

Die angestrebte Kautätigkeit des Pferdes während der Arbeit führt dazu, dass seine Lippen von Schaum aus Speichel besäumt sind. Bleibt der Speichelfluss aus, dann ist auf mehr Losgelassenheit des Pferdes hinzuarbeiten.

stellung interessiert im Zusammenhang mit der klassischen Ausbildungslehre: Beim Leerkauen entsteht Speichelfluss, der physiologisch auf einen beruhigenden Effekt schließen lässt. Beim Reiten ist angestrebt, dass das Pferdemaul tätig ist, „sich mit dem Gebiss beschäftigt". Beim Arbeiten nach dem dargestellten Belohnungsprinzip teilt der Reiter dem Pferd fortlaufend sein „ok" mit, z.B. durch leichtes Nachgeben, das Pferd gibt sein „ok" durch Kauschläge; der schaumige Saum der Lippen, der mit dieser Aktivität verbunden ist, gilt also als ein erwünschtes Zeichen dafür, dass das Pferd die Anforderungen entspannt bewältigt (Abb. oben). Hier ist auch die Aufforderung des Reitlehrers an die Schüler am Ende des Unterrichts einzuordnen: „Zügel aus der Hand **kauen** lassen". Allerdings muß dazu das Reithalfter so verschnallt sein, dass das Pferd überhaupt noch kauen kann. Die Zäumungslehre schreibt deshalb vor, dass zwischen Nasenbein und Nasenriemen zwei Finger nebeneinander Platz haben sollen.

Das Kauen und Lecken erfolgt mit mäßiger Tätigkeit der Kaumuskulatur. Wenn dagegen das Pferd mit den Zähnen knirscht, sind die Kiefermuskeln angespannt – was darauf hindeutet, dass sich das Pferd nicht „loslässt". Dauerknirschen zeigt erfahrungsgemäß an, dass sich das Pferd nicht wohlfühlt. Bei manchen Pferden kommt es allerdings auch vor, dass sie in Augenblicken hoher Konzentration meist leise Knirschgeräusche von sich geben, auch wenn sie für die Erfüllung der Anforderungen motiviert erscheinen. „Kitty" war so eine Kandidatin; ich wertete den damit angezeigten Erregungszustand als einen Hinweis, zu Entspannungsübungen oder Arbeitspausen überzugehen.

Die Erregung bei konzentrierter Arbeit kann sich auch in anderen „Marotten" ausdrücken. Mein frühes Lehrpferd für die Arbeit am langen Zügel, der von Egon von Neindorff ausgebildete Trakehner-Wallach „Ibikus", hatte die Angewohnheit, mit Ober- und Unterlippe aufeinanderzuklappern, wenn es anstrengend wurde.

Wenn ein Pferd den dargebotenen Leckerbissen nicht annimmt, „beißt es die Zähne zusammen" und zeigt damit, dass es die Anforderungen nicht entspannt verarbeiten kann, es ist nicht „losgelassen". Wenn es schon einmal so weit gekommen ist, sollte man die Anforderungen abbrechen und nach einer Schrittpause am hingegebenen Zügel Losgelassenheit wiederherstellen. Bei Fortsetzung der Anforderungen könnte es sonst geschehen, dass sich das Pferd vollends verschließt – mit Folgen, die beim Umgang mit Widersetzlichkeiten angesprochen wurden. Podhajsky (1960) berichtet über seinen „Nero", dass Zuckerverweigerung vorkam und schreibt dazu: „Für mich war dies immer ein Alarmzeichen, das mir Selbstvorwürfe verursachte und mich zur Mäßigung ermahnte ... ich suchte Klarheit durch genaue Zergliederung meiner Forderungen und meines Verhaltens zu gewinnen. Auf diese Weise erzogen mich meine Pferde zur Selbstbeherrschung ...". Ein Vorbild, dieser Pferdemann!

Ein Schnorchelgeräusch, welches das Pferd manchmal von sich gibt, während es etwas ihm Unbekanntes erkundet, kann mit Ängstlichkeit verbundenes Unbehagen anzeigen. Zum Beispiel könnte das Verhalten des Pferdes auf Abb. Seite 30, das gerade eine „gefährliche" Ecke der Reithalle anschaut, von dieser akustischen Äußerung begleitet sein. – Ein Araberhengst unter einer Reiterin mit besonders harter Hand schnorchelte während der Dauer einer ganzen Vorstellung – ein deutliches Zeichen dafür, dass sich das Pferd äußerst unwohl fühlte.

Als Unmutsäußerung kann es der Reiter interpretieren, wenn das Pferd mehrmals hintereinander betont schnaubt. Dabei fühlt es sich durchaus sicher, aber irgendetwas passt ihm einfach nicht.

Auf einen Außenreiz hin kommt es vor, dass ein Pferd – z.B. beim Longieren – stehen bleibt, den Kopf aufwirft und einen heftigen Luftausstoß von sich gibt. Anschließende weiträumige Passagetritte lassen die Zuordnung zum Imponierverhalten annehmen. In diesen Augenblicken hat sich das Pferd vom Ausbilder verabschiedet. Der kann seinerseits nur durch Gelassenheit dafür sorgen, dass das Tier von diesem Erregungszustand herunterkommt und sich ihm wieder zuwendet.

Nach dem Durchparieren zum Halten – oder wenn das Pferd nach einigen Piaffetritten an der Hand zum Stehen kommt – lässt das Pferd zumeist einen tiefen Atemzug mit betontem Ausatmen hören – das „Abschnaufen". Dieses Zeichen des Abspannens deutet auf eine Verbindung zwischen Atmung und Losgelassensein hin. Der Zusammenhang zwischen Atmung und Bewegung ist noch nicht ausreichend erforscht; doch habe ich stets beobachtet, dass die Pferde in Phasen harmonischen Bewegungsablaufes im Trab oder Galopp im Rhythmus der Bewegung atmen. Änderungen der Atemfrequenz während der Arbeit zeigen nicht nur den Grad der Beanspruchung an, sondern sind auch ein Hinweis auf die Befindlichkeit.

Ähnlich wie die Erhöhung von Atemfrequenz und -tiefe zeigt Schweißabsonderung nicht nur den Grad körperlicher Beanspruchung an, sondern kann auch Folge von Stress durch überzogene, nicht bewältigte Anforderungen oder durch Grobheiten sein. Eine alte Erfahrung besagt, dass die meisten „Schweiße" von Pferden nicht der Anstrengung, sondern der Erregung von Pferden zuzuordnen sind. Bei der dressurmäßigen Ausbildung muss Schweiß nicht über

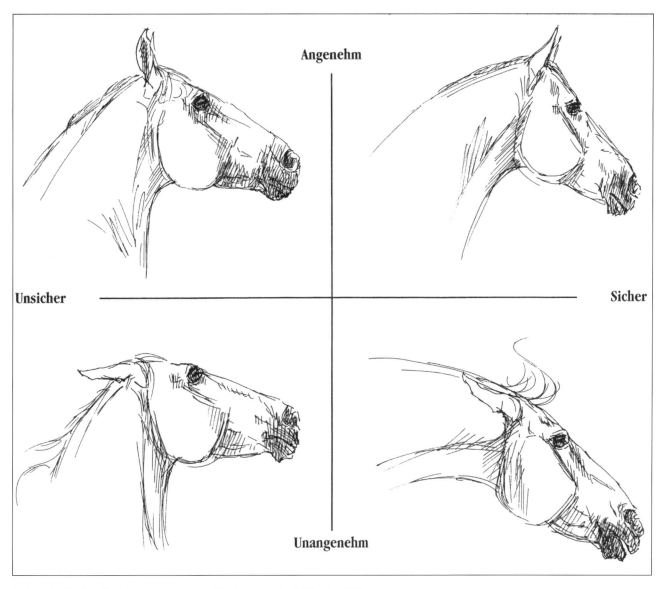

Beispiele für den Gesichtsausdruck von Pferden. Aus Zeeb/Blank, 1999.
Links oben: Noch nicht identifizierbarer, gefährlich erscheinender Sinnesreiz   (noch nicht unangenehm, aber unsicher)
Rechts oben: Angenehmer Sinnesreiz (angenehm, sicher)
Links unten: Drohen gegenüber einem Ranghöheren (unangenehm, unsicher)
Rechts unten: Drohen gegenüber einem Rangniederen (unangenehm, sicher)
Rückschlüsse auf die Befindlichkeit des Pferdes können nicht allein aus seinem Gesichtsausdruck gezogen werden, sondern müssen das gesamte Pferd, dessen individuelle Gewohnheiten und jeweils gegebene Situation berücksichtigen.

Feuchtwerden von Brust und Sattellage hinausgehen, es sei denn bei extremer Hitze.

Dem Zuschauer schwerer Dressurprüfungen auf Turnieren fällt auf, dass die meisten Pferde während des Piaffierens mit dem Schweif schlagen. Wer genauer hinschaut, kann gleichzeitig den heftigen Sporeneinsatz beobachten, mit dem der Reiter das Pferd zum Treten auf der Stelle veranlassen möchte. Anstelle der Sporen wäre eine ggf. notwendige „Nachhilfe" durch Touchieren mit einer ausreichend langen Dressurgerte (1,30 m) zweckmäßiger und schonender, doch sind Gerten in diesen Prüfungen unsinnigerweise verboten. Schweifschlagen zeigt an, dass dem Pferd etwas nicht passt. Wenn der Schweif während der Vorwärtsbewegung in ständiger Unruhe ist, lässt das auf Rückenprobleme schließen. Gleiches gilt, wenn das Pferd den Schweif nicht trägt, ihn einklemmt oder schief hält.

Kopfschlagen drückt ebenfalls Unwillen aus und ist ggf. auch ein Zeichen für Rückenschwierigkeiten. Abhilfe darf nicht durch erzwungene Beizäumung erfolgen!

Aufschlussreich ist der Gesichtsausdruck des Pferdes in Verbindung mit dem Ohrenspiel. Vom Sattel aus erkennt man nur Letzteres – da ist die Arbeit vom Boden aus im Vorteil. Für den Ausbilder lohnt die Beschäftigung mit einschlägigen Veröffentlichungen, z.B. Schäfer, Trumler, Zeeb/Blank u.a. (Abb. vorherige Seite). Neben den Ohren ist besonders auf Lippen, Nüstern und Kinn zu achten; heruntergedrückte Oberlippen und ein hartes Kinn während der Arbeit signalisieren Anspannung, Kauen und Lecken bleiben dabei aus. Auch der Ausdruck der Augen verändert sich bei unterschiedlichem Befinden. Bei der Bewertung der Mimik ist es besonders wichtig, das einzelne Tier gut zu kennen.

Geräusche, die durch den Schlauch männlicher Tiere während des Trabens entstehen können, werden nach allgemeiner Erfahrung in Zusammenhang mit einer erhöhten Anspannung gebracht.

Manchmal geben die Pferde bei der Arbeit auch Laute von sich. Ein Hengst, dem ich an der Hand Ansätze zur Piaffe zu entlocken versuchte, gab bei jedem Loben einen wohligen Grunzlaut von sich. Meinem Wallach Donatello entfährt häufig beim versammelnden Ansatz zur Piaffe ein Quietschlaut, den ich nicht richtig zu interpretieren vermag. Aber nach diesem Laut zeigt er sich besonders eifrig.

Die wichtigsten Schlüsse auf die Befindlichkeit des Pferdes zieht der versierte Reiter aus der Art und Weise, wie es sich bewegt; ob der Bewegungsablauf fließend ist, wie es auf die Hilfen reagiert, wie sich Spannungen abbauen lassen, was er durch den Sattel und in den Händen spürt. Alle wahrnehmbaren Äußerungen des Pferdes fügen sich zu einem komplexen Eindruck über das Befinden des Pferdes zusammen (Abb. Seite 66, Tabelle 5). Ausschlaggebend für die Bewertungen sind dabei besonders die Veränderungen im Verhalten des Pferdes, sowohl im Laufe der einzelnen Arbeitseinheiten, als auch im Vergleich zu vorausgegangenen Tagen und in der längerfristigen Entwicklung. Immer aber muss sich der Mensch dessen bewusst sein, dass seine Beurteilung des Pferdebefindens nicht mehr sein kann als eine Einschätzung, die auch Irrtümer einschließt.

Tabelle 5: Einschätzung der Befindlichkeit auf Grund des Ausdrucksverhaltens von Pferden in der Auseinandersetzungen mit dem Menschen

Körperlicher Bereich	Tendenz: Neutral/angenehm/erwünscht Verhalten	Interpretation	Tendenz: unangenehm/unerwünscht Verhalten	Interpretation
Ohren	wechselnd auf Umfeld und auf Ausbilder gerichtet	Aufmerksamkeit auf Arbeit gerichtet, Pferd ist „bei der Sache"	straff nach vorn gerichtet	Aufmerksamkeit auf vor dem Pferd liegendes Ziel gerichtet, nicht auf Anforderungen konzentriert
	Seitlich gerichtet, locker	Entspannung	straff angelegt	Abwehrbereitschaft, Aggressionsbereitschaft
Nüstern, Maul, Kinn	Nüstern offen, nicht gebläht, Maul entspannt und geschlossen	Befinden neutral, entspannt	Nüstern gebläht	hohe körperliche Beanspruchung oder Stress
			Nüstern leicht zusammengepresst/ Oberlippe nach unten gedrückt, Kinn steif	Unbehagen
	Kauen und Lecken	eine Aktion ist bewältigt und abgeschlossen		
			Knirschen	innere Anspannung
Schweif	getragen, ruhig, pendelnd	Befinden neutral entspannt	eingeklemmt	Unbehagen Rückenprobleme
			heftig schlagend	Ausdruck von Missfallen Abwehrbereitschaft
Extremitäten			stampfen, scharren ausschlagen	Ausdruck von Missfallen Abwehr
Atmung	ruhig, regelmäßige, gelegentliches Abschnaufen	entspannt	heftige Atmung mit geblähten Nüstern	hohe körperliche Beanspruchung oder Stresssituation
			mehrfach betontes Schnauben	Ausdruck von Missfallen
			heftiges, einmaliges Auspusten mit erhobenen Kopf	hohe Erregung Imponierverhalten
			Schnorchelgeräusch	Ängstlichkeit
Bewegungstypus	geschmeidig, fließend taktrein	Entspannung „Losgelassenheit"	Tritte gepannt	Unbehagen, Erregung körperliche Spannung
			Taktunreinheit	Unbehagen, Schaden im Bewegungsapparat

Die Befindlichkeit des Pferdes erschließt sich dem Betrachter durch die Zusammenschau aller Elemente des Ausdrucksverhaltens in der jeweils gegebenen Situation.

Situationen, in denen „alles stimmt", lassen den Reiter intuitiv auch auf ausgeglichenes Befinden des Pferdes schließen. So ein Gefühl muss die Reiterin auf diesem Bild empfinden: Frisches Vorwärtstreten bei flüssigem Bewegungsablauf, Parallelität der Bewegung von Vorder- und Hintergliedmaßen, getragener Schweif, natürliche Aufrichtung am leicht anstehenden Zügel, aufmerksames Pferd (Ohrenspiel!) Holst. Stute Valerie, 20-jährig, mit Christiane Müller.

Teil 5
Einflüsse aus dem Haltungsumfeld

Was hat das Haltungsumfeld mit dem Verhalten der Pferde in der Situation der Ausbildung zu tun?

Ein Beispiel: An einem Tag schien mir meine Stute Valérie während der Arbeit „nicht bei der Sache" zu sein und war schwer für die einfachsten Anforderungen zu motivieren. Wie sich dann herausstellte, war zuvor ein Pferd in der Stallgasse beschlagen worden – einem dafür ungeeigneten und unzulässigen Ort. Durch die Unruhe des behandelten Pferdes, die nicht gerade freundliche Verständigung mit dem unwilligen Tier und durch den Geruch des Aufbrennens waren die Pferde im gesamten Stallabteil in Unruhe geraten.

Dass ungeeigneter Umgang im Stall die Arbeit in der Reitbahn empfindlich beeinträchtigen kann, ist eine alte Erfahrung. Der schon zitierte Ritter von Weyrother (1836) beschreibt das in geradezu beschwörenden Worten:

„Da es aber von so vieler Bedeutung ist, wie das rohe, menschenscheue, ja selbst das vollkommen gerichtete Pferd im Stall behandelt wird, so kann nicht genug wiederholt werden …, dass eine rüde … Behandlung im Stalle, auch das sonst willigste Pferd zu jeder Arbeit unwillfähig machen kann, so dass der beste Reiter … selbst die gewohnten Übungen nicht in solcher Vollkommenheit ausführen kann, weil der Wärter das Pferd im Stall misshandelt hat. Und so mehr ist dies der Fall bei jungen … oder sehr empfindlichen … Pferden, worunter vorzüglich Pferde von höherem Blut oder edler Race gehören. Also … sollte über jeder Stalltür geschrieben … werden: Ruhige, furchtlose Haltung, mit freundlicher Geduld verbunden, bleibt immer … die unbedingte Forderung sowohl an den Wärter als auch an den Abrichter. Diese Dressur im Stalle … muss nun notwendig der eigentlichen Dressur vorangehen, und immer Hand in Hand sie unterstützen."

„Der eigentlichen Dressur vorangehen" heißt nicht weniger, als dass der Umgang im Stall und bei der Pflege einen Bestandteil und die erste Stufe der Ausbildung darstellt, und „immer Hand in Hand sie unterstützen" weist auf die Bedeutung während des gesamten Pferdelebens hin.

Wenn junge Pferde in der Gruppe mit Müttern und Spielkameraden aufwachsen und dadurch ein normales Sozialverhalten ausbilden können, ist auch die Grundlage für einen unproblematischen Umgang mit dem Menschen geschaffen. Wir hatten im Stall einen Wallach, der als Fohlen allein unter durchaus pferdefreundlichen Menschen aufgewachsen war. Das Pferd blieb trotz guten Umgangs zeitlebens verhaltensgestört und unberechenbar.

Bereits parallel zur Ausbildung des normalen Sozialverhaltens in der Pferdegruppe können erste Erziehungskontakte mit dem Menschen erfolgen: z.B. beim Aufhalten der Hufe oder durch Putzen im Beisein der Mutter (Abb. nächste Seite). Wer sich diese Mühe macht, erspart dem späteren Ausbilder viel Zeit und Erziehungsarbeit, denn frühe Erfahrungen verfestigen sich besonders rasch und intensiv. Wenn das Fohlen dabei den Menschen nur in Verbindung mit wohlwollendem und zugleich bestimmtem Umgang kennenlernt, erlebt es ihn als ein Wesen, das irgendwie dazugehört, zu dem man gerne hingeht und in dessen Obhut man sich sicher fühlt.

Verhalten und Pferdeausbildung

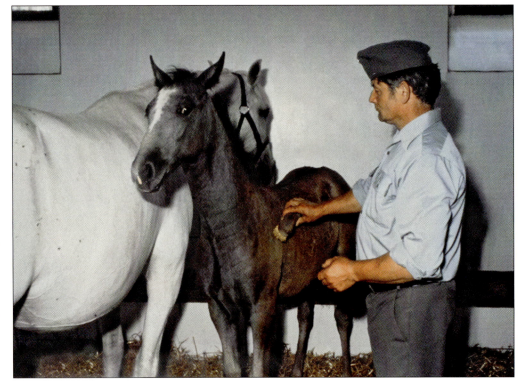

Erstes Putzen und Hufeaufhalten sind frühe Erziehungskontakte, die den späteren Umgang mit dem Pferd bei Pflege und Ausbildung erleichtern. Gesicht und Körperhaltung des Fohlens zeigen an, dass es sich noch unsicher fühlt. Die Anwesenheit der Mutter hilft ihm, die Unsicherheit abzulegen.

„Sicherheit" ist die Befindlichkeit, die das Haltungsumfeld dem Pferd in seinem Werdegang und zeitlebens im Alltag vermitteln soll, um damit zugleich die Ausbildung und Nutzung dieser Tiere zu unterstützen. Das Pferd muss also den Stall als ein Terrain erleben, das ihm Schutz und Befriedigung wesentlicher Bedürfnisse bietet. Dazu bedarf es eines Erfahrungsprozesses, denn das Bestreben der Pferde, Ausweichmöglichkeiten um sich zu haben, lässt sich – zumindest bei der Einzelhaltung – nicht erfüllen. Dass die Pferde ihren Stall gleichwohl als Ort der Sicherheit wahrnehmen, zeigte sich wiederholt bei Brandkatastrophen; oft müssen befreite Pferde daran gehindert werden, in den brennenden Stall zurückzulaufen (Abb. nächste Seite).

Zur Befindlichkeit „sicher" gehört, dass andere Pferde im Stall anwesend sind und zu diesen Sichtkontakt besteht. Die Begrüßung zurückkehrender Pferde oder von Neuankömmlingen und die Rufe nach Fortgehenden zeigen, dass die Pferde sich auch bei Einzelhaltung als Gruppe wahrnehmen. Bei Einzelboxen und im Boxen-Paddock-System ist es wichtig, dass Pferde benachbart sind, die sich gegenseitig tolerieren. Das findet man beim Weidegang heraus, ansonsten muss bei Schwierigkeiten ausprobiert werden, wer zu wem passt. Wenn man aber in einen Stall kommt, bei dem die Pferde säuberlich nach Farben geordnet sind, die Rappen rechts, die Schimmel links, ist es wie eine Bücherordnung im Regal nach dem Aussehen der Buchrücken. Dies ist nicht der Ort

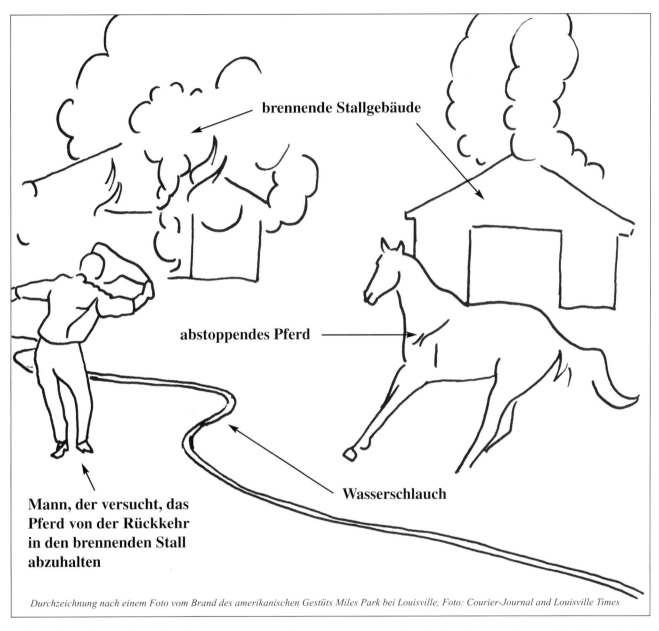

Durchzeichnung nach einem Foto vom Brand des amerikanischen Gestüts Miles Park bei Louisville, Foto: Courier-Journal and Louisville Times

Stallgewohnte Pferde erleben ihre Unterkunft als einen Ort, an dem sie sicher sind. Bei Brandkatastrophen sind die Pferde durch Rauch, Feuer und die Aufregung der Leute verängstigt. Viele weigern sich daher, ihre Box zu verlassen. Ruhe, Anlegen gewohnter Ausrüstung und Benutzung der üblichen Wege sind dann hilfreich. Aber häufig versuchen gerettete Pferde, in den Stall zurückzukommen, wie auf dieser Nachzeichnung einer Fotografie. Aus Schnitzer, 1969.

für eine Diskussion der Haltungssysteme. Doch sei für die Gruppen-Auslaufhaltung darauf hingewiesen, dass der Halter reagieren muss, wenn es auf dem doch auch begrenzten Raum für Rangniedere zum Erleben von Unsicherheit und Beeinträchtigungen (z.B. des Ausruhverhaltens) kommt, vor denen sie die Boxenwände schützen würden.

Im Haltungssystem soll das Pferd auch dessen sicher sein, dass von ihm keine Leistungen verlangt werden außer denen, die im Zusammenhang mit seiner Pflege stehen. Mir wurde der Fall berichtet, dass ein Ausbilder ein Pferd in der Box piaffieren ließ. Das ist doppelt unsinnig und unfair: Dem Pferd ist jedes Ausweichen verwehrt, womit es in Stress kommt, und zugleich geht die Assoziation „Stall = Sicherheit" verloren. Wie empfindlich die Pferde den Mangel an Ausweichmöglichkeit in der Box wahrnehmen, zeigt sich daran, dass Pferde, die sich draußen oder in der Reitbahn gerne die Augen mit der Hand auswischen lassen, in der Box auf dieses Ansinnen deutlich zurückhaltender reagieren.

Das Verhalten gegenüber dem Pferd im Stall und bei der Pflege unterliegt denselben Anforderungen, wie sie im Teil 2 für den Ausbilder beschrieben sind. Das gilt auch für den Tierarzt und für den Schmied. Manchmal erzählen Pferde, was ihnen widerfahren ist. Wie Auditeur, ein Pferd, das auf verstärkte Reiterhilfen leicht mit Gespanntheit reagierte und bei dem Hufe-Aufhalten ein fast aussichtsloses Unterfangen war. Täglich kam ich an seiner Box vorbei, richtete hier und da ein freundliches Wort an ihn, worauf er sich interessiert ans Gitter begab. Eines Tages sprang er erschreckt zurück – ich hatte einen Lederschurz an. Seine Pflegerin genoss wie sonst niemand sein Vertrauen. Eines Tages auch vor ihr diese Schreckreaktion: Das Mädchen hatte Glühwein getrunken. Die Botschaft: „Ein alkoholisierter Schmied hat mich misshandelt."

Ein Zeitgenosse von Weyrothers, Constantin Balassa, gleich jenem in k. u. k.-Diensten, wurde außer der Reihe zum Rittmeister ernannt, weil er eine Methode entwickelte, „reizbare, böse und gänzlich verdorbene Pferde, die bisher nur durch Anwendung von Zwangsmitteln beschlagen werden konnten, binnen einer Stunde dazu zu bringen, dass sie sich willig beschlagen lassen, und ihre Widersetzlichkeit für immer ablegen" (Balassa, „Hufbeschlag ohne Zwang", 1828).

Balassa bindet das Pferd nicht an, sondern lässt es an Trense und Kappzaum von einem „Abrichter" (Ausbilder) halten. Dieser steht vor dem Pferd und steuert den ganzen Vorgang. Er dirigiert den Aufhalter und den Schmied und lenkt die Aufmerksamkeit des Pferdes auf sich selbst. Er beruhigt und belohnt das Pferd oder „imponiert" ihm nach Bedarf. Seine Mittel dazu: Streichen der Stirn zwischen den Augen, Schütteln an den Zügeln, Einsatz von Mimik, Körpersprache und Stimme. Er weist die Handelnden an, das Pferd rechtzeitig ausruhen zu lassen. Dabei versucht er dem Pferd zuvorzukommen, ehe es ermüdet oder sich widersetzt, was Konzentration und Abstimmung im Team verlangt. Schmied und Aufhalter schult er in schonendem und arbeitssicherem Aufhalten. Auch die Auswahl eines geeigneten Umfeldes gehört zum Konzept. – Wie er betont, „in den Einzelheiten nichts Neues", aber in der Zusammenstellung ein geeignetes „System" (Abb. Seite 71).

Solches Vorgehen entspricht zum großen Teil den Hinweisen, die in der vorliegenden Arbeit der Tätigkeit des Ausbilders gewidmet sind. Dieser wird also – ganz gemäß von Weyrother – vom so handelnden Hufschmied „Hand in Hand unterstützt".

Verhalten und Pferdeausbildung

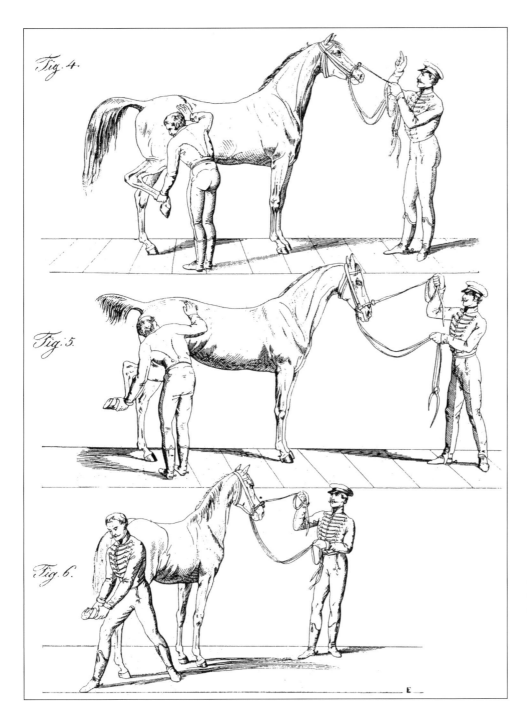

Anweisung zum „Hufbeschlag ohne Zwang" nach Balassa (1828): Das Pferd ist nicht angebunden. Ein „Abrichter" dirigiert den Vorgang, lenkt die Aufmerksamkeit des Pferdes auf sich und stimmt sich mit dem Aufhalter ab.

Schlussbemerkung

Die großen Werke im Schrifttum über die Reitkunst seit dem Griechen Xenophon vermitteln uns einen unerschöpflichen Fundus an Erfahrungswissen über die Ausbildung von Pferden. Aber ob es sich um das Grundlagenwerk eines de la Guériniere (école de cavallerie, 1733) handelt, das legendäre „Gymnasium des Pferdes" von Steinbrecht (1884) oder bedeutende Werke aus dem 20. Jahrhundert wie Podhajskys „Die klassische Reitkunst" (1965): Das Pferdeverhalten bei der Ausbildung und im Einsatz wie auch die Wechselwirkungen im Verhalten der ungleichen Partner Mensch und Pferd sind zwar angesprochen, doch nicht mit vergleichbarer Systematik dargestellt, wie sie den übrigen Instruktionen zur Reiterei zu Grunde gelegt ist. Das gilt auch für die aktuelle Fassung der Richtlinien für Reiten und Fahren.

Es war daher naheliegend, diesen Aspekt näher zu beleuchten, und ihm, als Bestandteil der klassischen Ausbildungslehre, ein ordnendes Gerüst zu geben. Möge es Ausbildern und Reitern dabei helfen, auf partnerschaftliche Weise mit ihren Pferden zu kommunizieren.

Einer der frühen Klassiker über die Reitkunst ist die „Ecole de cavalliere" von Francois Robichon de la Gueriniere (1733). Die fachkundigen Illustrationen des Malers Parrocel haben noch heute Vorbildcharakter, wie hier die Passage, die Gueriniere als „Piaffe in der Vorwärtsbewegung" beschreibt. Das Bewegungsbild in Verbindung mit der ungezwungenen Aufrichtung entspricht – trotz recht unterschiedlicher Pferdetypen – der Abbildung auf Seite 23 mit „Mars" unter Egon von Neindorff.

Zum Entstehen dieses Buches

Zwei Tätigkeitsfelder waren der Ausgangspunkt für das Zustandekommen dieses Buches:

Die Arbeit mit den Pferden über fünf Jahrzehnte im Stall meines Lehrers in Sachen Reiterei, Egon von Neindorff. Der 2004 verstorbene Reitmeister war ein unerbittlicher Verfechter des klassischen Ausbildungsweges. Ihm gilt mein dankbares Gedenken.

Das zweite Feld ist die Auseinandersetzung mit Anforderungen an artgemäße Tierhaltung, die mich als Architekt und Universitätslehrer fast ebenso lange beschäftigte. Dieses Arbeitsgebiet erforderte die Zusammenarbeit mit Fachleuten der Verhaltensforschung. Ihr verdanke ich auch die Begegnung mit Professor Dr. Beat Tschanz.

Beat Tschanz hat sich der vorliegenden Arbeit in ganz außergewöhnlicher Weise angenommen und sie durch unzählige Gespräche, schriftliche Kommentare, Ratschläge und Anregungen begleitet. Erst im Zusammenwirken mit ihm hat sich die Idee entwickelt, den Stoff zu einer selbstständigen Publikation auszuarbeiten; ursprünglich hatte ich die Absicht, ihn als eines der Vorkapitel zu einer Veröffentlichung über die Arbeit an der Hand und am Langen Zügel zu verwenden. Ein großes DANKE an den Mentor dieses Buches!

Mit Professor Dr. Klaus Zeeb verbinden mich vierzig Jahre Zusammenarbeit in Tierhaltungs- und Tierschutzfragen. Ihm sei Dank für die Diskussionen zum Thema des Buches und für die Bereitstellung seiner eindrucksvollen Serienaufnahmen von Fredy Knie! Einmal mehr danke ich Frau Dr. Lydia Kolter und ebenso Frau Dr. Waltraut Zimmermann für die Durchsicht des Manuskriptes und für fachliche Hinweise.

Allen Helferinnen und Helfern, die hier nicht genannt sind, sage ich Danke für ihren Einsatz! Nicht zuletzt danke ich meiner Frau, die mir auch bei diesem Projekt Unterstützung und Anregung gab und mir stets eine objektive Ratgeberin ist.

Der Verfasser

Literaturverzeichnis

Balassa, C.: Der Hufbeschlag ohne Zwang. Wien 1828

Bundesministerium für Ernährung, Landwirtschaft und Forsten: Leitlinien Tierschutz im Pferdesport. Bonn 1992

Deutsche Reiterliche Vereinigung (FN): Richtlinien für Reiten und Fahren, Band I, Grundausbildung für Reiter und Pferd. Warendorf 1994 und spätere Ausgaben

Fachgruppe Verhaltensforschung der Deutschen Veterinärmedizinischen Gesellschaft e.V., Autorengemeinschaft J. Bammert, I. Birmelin, B. Graf, K. Loeffler, D. Marx, U. Schnitzer, B. Tschanz, K. Zeeb: Bedarfsdeckung und Schadensvermeidung – Ein ethologisches Konzept und seine Anwendung für Tierschutzfragen. Tierärztl. Umschau 48, 269-280, 1993

Gattermann, R. (Hrsg.): Wörterbuch zur Verhaltensbiologie. München 2006

de la Guérinière, F.R.: École de Cavallerie. Paris 1733. Monumenta hippica Bd 27, Berlin 1942

Kästner, A.: Regeln der Reitkunst. Leipzig 1892

Klingel, H.: Das Verhalten der Pferde. Handbuch der Zoologie. Berlin 1972

Kolter, L.: Schriftliche Mitteilung, 1999

Oese, E.: Pferdesport Band I. Berlin 1992

Podhajsky, A.: Ein Leben für die Lipizzaner. München 1960

Podhajsky, A.: Die klassische Reitkunst. München 1965

Reitvorschrift (R.V.) H.Dv.12, 1937

Ritter von Weyrother, M.: Bruchstücke aus den hinterlassenen Schriften. Wien 1836. Reprint Olms 1977

Schäfer, M.: Die Sprache des Pferdes. Stuttgart 1993

Schnitzer, U. Untersuchungen zur Planung von Reitanlagen. Diss. Karlsruhe 1969, KTBL-Schrift 6 Darmstadt 1970

Schnitzer, U.: Grundsätze der Gymnastizierung des Reitpferdes. Pferdespiegel 3, 41-44, 4, 41-44, 5, 41-44, 7, 41-44, 1996

Steinbrecht, G.: Das Gymnasium des Pferdes. 1884. Reprint Aachen 1966

Tschanz, B.: Verhalten, Bedarf und Bedarfsdeckung bei Nutztieren. In: Aktuelle Arbeiten zur artgemäßen Tierhaltung. KTBL-Schrift 281, 114-128, Darmstadt 1982

Tschanz, B. In Zus.arb. m. J. Bammert, G. Baumgartner, W. Bessei, I. Birmelin, D.W. Fölsch, B. Graf, U. Knierim, K. Loeffler, D. Marx, A. Straub, M. Schlichting, U. Schnitzer, J. Unshelm u. K. Zeeb: Befindlichkeiten von Tieren – ein Ansatz zu ihrer wissenschaftlichen Beurteilung. Teil I Tierärztl. Umschau 52, 15-22, Teil II 52, 67-72, 1997

Tschanz, B.: Schriftliche Mitteilung, 2007

Wickert, M.: Die Bedeutung des Leerkauens bei Pferden aus der Sicht der Physiologie und der Ethologie. Diss. Berlin 2004

Winkler, H.G.: Halla, meine Pferde und ich. Stuttgart/ Hamburg 1996

Zeeb, K.: Pferde dressiert von Fredy Knie. Bern/ Stuttgart 1973

Zeeb, K. und Blank, R.: Was Gesichter alles sagen. Pferdespiegel 7, 45-50, 1999

Impressum:
Bibliografische Information Der Deutschen Bibliothek
Die Deutsche Bibliothek verzeichnet diese Publikation in der Deutschen Nationalbibliografie.
Detaillierte Bibliografische Daten sind im Internet über http:://dnb.ddb.de abrufbar
ISBN 978-3-930953-37-0

Autor: Prof. Dr. Ing. Ulrich Schnitzer
Herausgeber: Isabella Sonntag: www.wu-wei-verlag.com

Bildnachweise:
Renate Blank: Titel, 56, 63
Ulrich Schnitzer: 11, 12, 13, 14, 23, 30, 37, 38, 43, 50, 54 (unten), 61, 66, 69
Christiane Slawik: Rücktitel, 3, 17, 39, 40, 60
Archiv H.G. Winkler: 5
Dieter Schinner: 7
Agentur Focus/Hans Silvester: 8
Ille Fribolin: 10
Helga Schnitzer: 16, 19
Otto Schnitzer: 18
Werner Ernst: 28
Jens Kimmich: 35
Klaus Zeeb: 45
Beat Tschanz: 49
Aus Kastner, 1892: 54 (oben)
Aus Balassa, 1828: 71
Charles Parrocel aus de La Guerinière, 1733: 73
Unbekannt, Archiv Schnitzer: 31, 43 (oben), 68

Litho: Memminger MedienCentrum, Memmingen
Art Direktion: Designatelier Christine Orterer, www.christine-orterer.de
Druck: Westermann Druck, Zwickau

© 2008 Wu Wei Verlag, 86938 Schondorf, www.wu-wei-verlag.com
Alle Rechte vorbehalten – ISBN 978-3-930953-37-0
Printed in Germany, 2008

Weitere Bücher aus dem Wu Wei Verlag

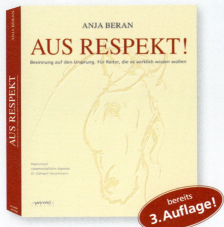

DAS PFERDEBUCH DES JAHRES
Bayerns Pferde 12/05

Anja Beran, Schülerin von Manuel Jorge de Oliveira und Marc de Broissia, hat ein Buch geschrieben, das eine seit Jahrzehnten verloren gegangene Reitkultur wieder entdeckt. Zu Anja Beran nach Gut Rosenhof im Allgäu bringen Pferdebesitzer aus aller Welt ihre Tiere, um sie von ihr ausbilden zu lassen. In „Aus Respekt!" hat sie ihr ganzes Wissen von den optimalen Voraussetzungen für das Reiten lernen bis zur klassischen Ausbildung fortgeschrittener Pferde dargelegt. Für den hohen Standard dieses Buches bürgt auch der medizinische Berater Dr. Gerhard Heuschmann (passionierter Reiter, Tierarzt und Dozent). In „Aus Respekt!" zu blättern ist ein ästhetischer Genuss. Der Wu Wei Verlag hat sich besondere Mühe mit der Gestaltung und der opulenten Bildauswahl gegeben. Über 100 Fotos, Tuschezeichnungen von Renate Blank und anatomische Abbildungen ergänzen den Text. Reiten ist eine Kunst! Dieses Buch huldigt dem Pferd und der Reitkunst und bietet überraschende Erkenntnisse und Wissen pur. Mehr unter www.wu-wei-verlag.com und www.anja beran.de.

AUS RESPEKT! von Anja Beran
Kreiert AUS RESPEKT! vor den Pferden.
Med.-wissenschaftl. Aspekte:
Dr. Gerhard Heuschmann, 192 S.,
durchgehend vierfarbig illustriert, 23 x 27 cm,
ISBN 978-3-930953-14-1, Preis: 68,00 Euro

bereits 3. Auflage!

»Anja Beran hat ein Plädoyer geschrieben für die Reitkunst als Ergebnis sorgfältiger Gymnastizierung – das Gegenteil mechanischen Drills für den schnellen Erfolg. Es ist eine klar formulierte Erinnerung an einen Schatz vorhandener Erkenntnisse, tatsächlich ein Lehrbuch „für Reiter, die es wirklich wissen wollen".«
Süddeutsche Zeitung

WEIL DRESSUR NICHT VON DRESSIEREN KOMMT...

FINGER IN DER WUNDE
von Dr. med. vet. Gerd Heuschmann,
144 Seiten, farbig illustriert,
ISBN 978-3-930953-20-2,
Preis: 24,80 Euro
Überarbeitete Neuauflage!

Ein Pferd, das vertrauensvoll und freudig mit dem Reiter kooperiert und seine Hilfen akzeptiert: das ist der Beweis höchster reiterlicher Kunst. Leider sind in den Reithallen und im Dressurviereck oft andere Bilder zu sehen: Da wird gezogen und gezerrt nach dem Motto „der Kopf muss runter"; da werden schon junge Pferde aus falschem Ehrgeiz oder Unwissenheit in Formen gepresst, die ihre Gesundheit nachhaltig schädigen können. Viele der dafür verantwortlichen Reiter, Ausbilder und sogar Spitzensportler behaupten, nach „klassischer Lehre" zu handeln. Leider stecken aber längst nicht immer echter Pferdeverstand und klassische hohe Reitkunst hinter ihren Methoden. Aber wie können Reiter und Pferdeliebhaber erkennen, welche Methoden langfristig schaden und welche gesund sind für ihr Pferd? Dieses Buch gibt Antworten und liefert Argumente für „falsch" und „richtig" in der Reiterei.

DER FILM ZUM BUCH „FINGER IN DER WUNDE": STIMMEN DER PFERDE
von Dr. med. vet. Gerd Heuschmann
Länge ca. 60 Min.
ISBN 978-3-930953-41-7
Preis 49,90 Euro

DER FILM ZUM BUCH

Der Lehrfilm zum Buch, der erstmals in aufwendiger 3-D Animation zeigt wie Muskeln und der Bandapparat bei falschem Reiten strapaziert werden...

Erscheint voraussichtlich Ende 2008

Weitere Bücher aus dem Wu Wei Verlag

XENOPHON REITKUNST
Griechisch und deutsch
von Dr. Klaus Widdra
192 Seiten,
ISBN 978-3-930953-28-8
Preis: 39,90 Euro

Von der FAZ rezensiert

ROLL-KUR – die Überzäumung des Pferdes
von Prof. Heinz Meyer,
ca. 480 Seiten,
ISBN 978-3-930953-38-7,
Preis: 68,00 Euro

430 V. CHR. WURDE DIE BASIS ALLEN WISSENS ÜBER PFERDEHALTUNG UND AUSBILDUNG GELEGT

Dr. phil. Klaus Widdra Dr. phil. Klaus Widdra veröffentlicht im Wu-Wei-Verlag eine völlig überarbeitete Neuauflage seines 1965 im Akademie-Verlag Berlin erschienenen Buches.

DIE ANALYSE DER UMSTRITTENSTEN TRAININGSMETHODE

Dieses Buch bietet eine umfassende historische und grundsätzliche Analyse der Theorie und Praxis der Überzäumung des Pferdes und eine kritische Darstellung der vorgegebenen Zwecke, der wirklichen Absichten und der realen Auswirkungen der umstrittenen Reitmethode. Außerdem wird eine grundlegende detaillierte Erörterung aus der Sicht der klassischen Reitlehre mit dem Blick auf die alltägliche reiterliche Praxis geboten. Umfassender kann man die Hyperflexion nicht beleuchten!

S-DRESSUR
von Daniela Piolini
vierfarbig illustriert
Vorwort Philippe Karl
ISBN: 978-3-930953-23-3
Preis: 19,90 Euro

LORENZO
Von Luisina Dessagne & Robin Hasta Luego
27 x 29 cm, ca. 148 Seiten
4-farbig mit zahlreichen Abbildungen
ISBN 978-3-930953-33-2
Preis: 29,90 Euro

S-DRESSUR: WIE MAN EIN GUTES PFERD UNREITBAR MACHT

Anhand einer Serie raffiniert ironischer Illustrationen, unterlegt mit klassischen Zitaten, zeigt dieses Buch die Auswirkungen einer schlechten Ausbildung des Pferdes. Vorgestellt werden Praktiken, die sich nicht mehr an der traditionellen, von alten Meistern überlieferten Kultur orientieren, sondern auf ein Repertoire von technischen Tricks zurückgreifen, die weder Psyche noch Körper des Tieres respektieren. Hier also ist die Geschichte von Theodor, ein herrliches Pferd, das aufgrund dieser ungebildeten Reitweise zum Opfer der unfähigen Arroganz seines Reiters und dessen Reitlehrer wird. Wird es ihm am Ende gelingen, sich von ihnen zu befreien?

LORENZO – DAS WUNDERKIND IN DER GROSSEN FAMILIE DER PFERDEKÜNSTLER

In der großen Familie der Pferde-Künstler nimmt Lorenzo den Platz des Wunderkindes ein. Seine Darbietungen sind wirklich einzigartig, etwa die Stehdressur nach ungarischem Vorbild: Vier Pferdepaare hintereinander, mit denen er im vollen Galopp über eindrucksvolle Hindernisse geht. Dieses Programm – Lorenzo Action – hat er schon in fast ganz Europa gezeigt, jedesMal sein Publikum im Sturm erobert und zu wahren Begeisterungsstürmen hingerissen.

Weitere Bücher aus dem Wu Wei Verlag

DAS TAO DES EQUUS
von Linda Kohanov
388 Seiten, s/w,
ISBN 978-3-930953-21-9
Preis: 26,00 Euro

HEILUNG UND TRANSFORMATION DURCH DAS WESEN DES PFERDES

Das Tao des Equus bedeutet wortwörtlich „der Weg und das Wesen des Pferdes", wobei die heilenden und transformierenden Qualitäten des Wesens „Pferd" im Vordergrund stehen. Die Interaktion mit diesen Tieren kann einen immensen therapeutischen Effekt zeitigen, sowohl körperlich, geistig und spirituell; es kann den Menschen helfen, lang vergessene Fähigkeiten zur Heilung der Ungleichgewichte, die durch das moderne Leben verursacht werden.

BOTSCHAFTER ZWISCHEN DEN WELTEN
von Linda Kohanov
288 Seiten, s/w,
ISBN 978-3-930953-40-0
Preis: 26,00 Euro

FORTSETZUNG VOM ERFOLGSBUCH „DAS TAO DES EQUUS"

„Linda hat den Mut, sich über die Grenzen unserer heutigen Überzeugungen hinweg zu setzen. Diese experimentellen Ansätze sind genau das, was wir in diesen schwierigen Zeiten brauchen. Sie nimmt uns mit auf eine Reise, die uns zeigt wie wir unser Potenzial mit Hilfe des Pferdes erweitern und in allen Facetten leben können. Der Spiegel den uns das Pferd vorhält lässt keine Masken zu."

IM SINNE DES PFERDES BODENARBEIT
von Simone Carlson,
144 Seiten, vierfarbig,
ISBN 978-3-930953-36-3,
Preis: 24,80 Euro

BODENARBEIT FÜR EINE VERTRAUENSVOLLE PFERD-MENSCH-PARTNERSCHAFT

Dieses Buch ist an all jene gerichtet, die nie aufgeben auf der Suche nach noch besseren Möglichkeiten, die Seele der Pferde genauer zu verstehen. Das Bestreben aller sollte immer sein, eine vertrauensvolle Pferd-Mensch-Partnerschaft aufzubauen und uns in die Gefühlswelt unserer vierbeinigen Partner einzuleben. Jedes einzelne Pferd verkörpert eine Persönlichkeit, auf die es einzugehen gilt.

ZWEIERLEI LEBEN –
Mein schmerzhafter Weg
zu wahrer Erkenntnis
von Timo Ameruoso
124 Seiten,
ISBN 978-3-930953-22-6
Preis: 24,50 Euro

DAS BEWEGT DIE HERZEN DER TIERFREUNDE

»Auf dem Höhepunkt meines Übermutes und meiner Überheblichkeit, als erfolgreicher Springreiter, bescherte mir das Leben einen schweren Schicksalsschlag – und dies sollte der Beginn eines völlig neuen Lebens sein... Nach dem Unfall stand mir eine lange Zeit im Krankenhaus bevor, in der ich mich allmählich mit dem Gedanken auseinander setzen musste, für den Rest meiner Tage auf den Rollstuhl angewiesen zu sein...«

WEITERE TITEL ENTNEHMEN SIE BITTE: WWW.WU-WEI-VERLAG.COM

Weitere Bücher aus dem Wu Wei Verlag

DER ERSTE HUFSCHMIED
von Ulrich Schnitzer & Renate Blank,
24 Seiten, s/w
ISBN 978-3-930953-29-5,
Preis: 14,80 Euro

DAS GESCHENK FÜR IHREN HUFSCHMIED

Bis heute kennt man weder das Jahrhundert, in dem erstmals ein Pferd beschlagen wurde, noch den Ort, von dem aus der Hufbeschlag einst Verbreitung fand. Die Geschichte vom ersten Hufschmied handelt davon, wie es gewesen sein könnte, als das Hufeisen erfunden wurde.
Der Autor Prof. Dr.-Ing. Ulrich Schnitzer ist im Hauptberuf Architekt und ein Fachmann für Pferdesportbauten. Als Reiter ist er in der klassischen Dressurausbildung engagiert. Über viele Jahre setzte er sich für die Reform des Hufbeschlagwesens ein. Aus dieser Tätigkeit heraus entstand die Idee zum „Ersten Hufschmied". Renate Blank gehört zu den profiliertesten Pferdemalern der Gegenwart. Fachliche und künstlerische Beiträge in der hippologischen Literatur begründen ihren Ruf als herausragende Illustratorin. Ihre Linolschnitte zum „Ersten Hufschmied" zeigen Pferde, denen man ihre Empfindungen ansieht, und dennoch lässt die Künstlerin Raum für die Fantasie des Betrachters.

CALME, EN AVANT, DROIT.
RUHIG, VORWÄRTS, GERADE.
Autoren: Alexandra Zich und
Denise Ohms, 200 Seiten, Vierfarbig
ISBN 978-3-930953-34-9
Preis: 34,00 Euro

CALME, EN AVANT, DROIT.
RUHIG, VORWÄRTS, GERADE.

„Dieses Buch richtet sich an den denkenden Reiter, denn „der denkende wird dem nichtdenkenden Reiter immer überlegen sein." Zitat Kurt Albrecht.

Es erwartet Sie keine Reitlehre und dennoch ist dieses Buch, ein Werk, das es sich zur Pflicht gemacht hat, Ihnen einen Weg zur Reitkunst zu ebnen. Es möchte Sie sensibilisieren für unser Verantwortungsbewusstsein dem Pferd gegenüber. Erst wenn wir verstanden haben, was sich hinter dem Begriff der Klassischen Reitkunst verbirgt, werden wir im Stande sein, den Weg dorthin auch zu beschreiten.

WEITERE TITEL ENTNEHMEN SIE BITTE: WWW.WU-WEI-VERLAG.COM